Joachim Fritzsche

Schreibwerkstatt

Geschichten und Gedichte:
Schreibaufgaben, -übungen, -spiele

unter Mitarbeit von Katrin Bothe
und Karl Günter Rammoser

Ernst Klett Schulbuchverlag

1. Auflage 1 5 4 3 | 1993 92 91 90

Alle Drucke dieser Auflage können im Unterricht nebeneinander benutzt werden, sie sind untereinander unverändert. Die letzte Zahl bezeichnet das Jahr dieses Druckes.

Umschlag: Manfred Muraro.
Satz: Setzerei Lihs, Ludwigsburg.
Druck: Stuttgarter Druckerei GmbH, Stuttgart.
ISBN 3-12-306350-X

Inhalt

Vorbemerkung

Seit einigen Jahren wird verstärkt gefordert, Schülern im Deutschunterricht Gelegenheit zu „kreativem" Schreiben zu geben. Außer mannigfachen didaktischen Begründungen liegen mittlerweile auch viele Unterrichtsvorschläge dazu vor; die wenigsten allerdings sind auf die Sek. I bezogen (vgl. aber Haas, G.: Handlungs- und produktionsorientierter Literaturunterricht in der Sekundarstufe I. Hannover: Schroedel 1984 sowie Kuhl, H.: Ermutigung zum Schreiben. Frankfurt: Scriptor 1988). Bei den meisten publizierten Vorschlägen ist das Schreiben ein Anhängsel des Literaturunterrichts: Es dient der Einsicht in literarische Formen und Inhalte. Anregungen zum Ausdenken eigener Geschichten und zum Schreiben von Gedichten findet man dagegen selten; auch die meisten Sprachbücher behandeln diesen Bereich stiefmütterlich.

Während *Sprachspiele*, bei denen mit Klängen, Buchstaben und Wortbildern experimentiert wird, in der Grundschule und noch in Kl. 5 und 6 gut ankommen, verlagert sich das Interesse der Schüler danach immer mehr zum Schreiben von *Geschichten*. Die vorliegende Aufgabensammlung nimmt darauf Rücksicht: Ansatzweise wird eine „Elementarlehre des Geschichtenschreibens" versucht, indem einzelne Elemente (z. B. Figuren, Handlungen, Gedanken, Exposition und Lösung, Schluß) in den Vordergrund der Aufmerksamkeit gerückt werden. Aber keinesfalls ist beabsichtigt, das Schreiben von Geschichten stufen- oder schrittweise beizubringen; denn durch solche Verschulung würde man den Jugendlichen das Vergnügen am Schreiben mit Sicherheit vergällen. Daß Schüler Spaß am Schreiben haben, ist viel wichtiger, als daß sie einzelne Fähigkeiten trainieren oder Einsichten gewinnen. Deshalb sind die Aufgaben vor allem als Anregungen und Herausforderungen gedacht, nicht als Lehrgang.

Im Laufe der Sek. I wächst auch das Interesse an *Gedichten*. Dem wird in dieser Aufgabensammlung Rechnung getragen: Es sind eine ganze Reihe von Aufgaben enthalten, die Anregungen zum Schreiben von Gedichten geben und auf spielerische Weise mit Problemen des Gedichtschreibens vertraut machen.

Fast alle Aufgaben verlangen, sich auf gegebenes – oft absichtlich nicht zusammenpassendes – *Material* einzulassen und *Regeln* zu befolgen. Nach unseren Erfahrungen schränken diese Bedingungen die Phantasie nicht ein, sondern sie fördern die Kreativität: *Not macht erfinderisch!*

Die wenigsten Schüler in der Sekundarstufe haben Lust, für sich allein zu schreiben, noch dazu nach einem vom Lehrer gestellten Thema. Spaß macht das Schreiben dagegen, wenn es in irgendeiner Weise die *Gruppe* der Gleichaltrigen einbezieht. Deshalb sind bei vielen der vorgeschlagenen Aufgaben mehrere Schüler beteiligt.

Eine weitere Attraktion stellen *Rateaufgaben* dar. Darum verbinden mehrere Anregungen das Schreiben mit dem Raten. Es entsteht hier ein natürlicher Ansporn, sich beim Schreiben anzustrengen.

Die Abfolge der Aufgaben ist nicht zwingend; aber der Leser wird oft feststellen, daß die Aufgaben aneinander anschließen, einander ergänzen und aufeinander bezogen sind. Im übrigen haben wir uns bemüht, die Aufgaben in eine sinnvolle

Reihenfolge zu bringen und durch Verweise Zusammenhänge deutlich zu machen. Alle Aufgaben sind ausprobiert worden, und zwar vor allem in Kursen, die 12- bis 16jährige Schüler außerhalb der Schule freiwillig besuchten. Die bei den Aufgaben mitgeteilten Erfahrungen wurden weitgehend in diesen Schülergruppen gewonnen. Die üblichen schulischen Motivations- und Sanktionsmittel standen hier nicht zur Verfügung; andererseits nahmen nur Schüler teil, die gern schrieben. Die Rahmenbedingungen unterschieden sich auch in anderer Weise von schulischem Unterricht: Keinerlei Benotung; statt 45-Minuten-Stunden ein Block von 3 Zeitstunden, der je nach Bedürfnis unterteilt werden konnte; kleine, relativ leistungshomogene Gruppen (maximal 15 Schüler). Insofern dürfte es am einfachsten sein, die Aufgaben in Kursen und Veranstaltungen anzubieten, die außerhalb des regulären Unterrichts stattfinden, z. B. in Arbeitsgemeinschaften oder in Projektgruppen. Je nach Rahmenbedingungen können sie aber auch im regulären Unterricht verwendet werden, nicht nur in der Sek. I, sondern – wie viele Kollegen begeistert berichten – auch in der Sek. II. Zu den veränderbaren Rahmenbedingungen gehört übrigens der Stundenplan: Wenn Schreiben zu einem wesentlichen Bestandteil des Deutschunterrichts werden soll, muß der Unterricht wie im Fach Kunst im Block von mindestens zwei, möglichst gar drei oder vier Stunden erteilt werden. Viele Aufgaben lassen sich nämlich nicht als Hausaufgaben erledigen, weil sie die Anwesenheit der Gruppe nötig machen. Im übrigen zeigt die Erfahrung, daß gerade schwache Schüler animiert werden, wenn sie sehen, wie ringsum geschrieben (und dabei gestöhnt, gelacht und gewitzelt) wird. In jedem Fall – also auch, wenn das Schreiben nach Hause verlagert wird – sollte es ehernes Gesetz sein, daß der Lehrer mitschreibt (und mitstöhnt und mitlacht). Dabei sollte er nicht versuchen, sich dem vermuteten Niveau der Schüler anzupassen, sondern so schreiben, wie es ihm selbst gefällt, auch auf die Gefahr hin, daß die Schüler den Text nicht verstehen oder nicht besonders gut finden.

Zu den „Aufgaben“ geben wir jeweils didaktisch-methodische „Erläuterungen“; diese sind oft nicht klar von den „Erfahrungen“ abzugrenzen. Wo immer möglich, nennen wir noch „Varianten“ für die Aufgabenstellung. Der „Zeitbedarf“ kann natürlich nur ganz grob geschätzt werden; uns ging es bei diesen Angaben nicht zuletzt um den Hinweis, daß die Schreibzeit nicht zu lange ausgedehnt werden sollte und vor allem die Besprechung kurz sein sollte; denn entgegen schulischer Praxis profitieren die Schüler ganz offensichtlich mehr vom Schreiben und auch vom Vorlesen als vom Besprechen, d. h. von Textkritik.

Wo immer wir es wußten, haben wir in „Anmerkungen“ angegeben, woher wir die Idee für die Schreibaufgabe haben. Natürlich war es unser Ehrgeiz, uns möglichst viele Aufgaben selbst auszudenken, aber bisweilen mußten wir feststellen, daß es die Aufgabe so oder so ähnlich schon woanders gibt. Manche Aufgaben sind in Schreibgruppen so verbreitet, daß es schwer ist, eine Autorschaft festzustellen. Wir bitten alle, die sich bestohlen vorkommen, schon im vorhinein um Verzeihung: Im Bereich des „kreativen Schreibens“ scheint uns das Kollektivieren von Ideen wichtiger als das Pochen auf geistiges Eigentum.

Die Beispieltexte sind selbstverständlich nicht als Vorbilder oder Muster gedacht, sondern sie sollen die Aufgabe illustrieren. Manchmal kann man sich nämlich erst richtig vorstellen, was gemeint ist, wenn man das Resultat kennt. Das gilt auch für die Schüler: Oftmals wird es sinnvoll sein, einen Beispieltext vorzulesen oder vorzulegen, um den Schülern auf die Sprünge zu helfen. Erfahrungsgemäß schränkt das die Phantasie nicht ein und wird nicht als Festlegung betrachtet. – Bei der Wiedergabe der Texte haben wir uns an die Originale gehalten und nur Rechtschreibungs- und Zeichensetzungsfehler korrigiert. Daß viele der Texte nicht überarbeitet sind, merkt man beim Lesen; dennoch ist klar, daß es sich um ungewöhnlich versierte Schreiber handelt.

Im Anhang dieser Aufgabensammlung findet der Leser eine Zusammenstellung von Verfahrensweisen im Umgang mit den entstandenen Texten. Natürlich kann nicht bei jeder Aufgabe jedes Verfahren angewandt werden. Der Sinn dieser Aufstellung ist es, Alternativen zum üblichen Korrekturverfahren anzubieten und auch ein wenig vom Textbesprechen wegzuführen.

Der Leser, besonders der weibliche, wird sich wundern und vielleicht auch empört sein, daß wir durchgängig nur die männliche Form („der Leser", „der Schüler") gebrauchen. Wir haben uns zu dieser Kurzform entschlossen, obwohl Schreiben zumindest in der Jugend durchaus eine weibliche Domäne ist. Aber es gibt keine 1:1-Entsprechung zwischen Grammatik und Semantik: *Das* Gedicht ist nicht sächlicher als *die* Geschichte. Bei allem Wörtlichnehmen der Worte dürfen wir doch nicht vergessen, daß sie nur Zeichen sind, oftmals willkürliche Zeichen, Fingerzeige, deren Bedeutung nicht durch die Form, sondern durch den Gebrauch bestimmt wird.

Diese Aufgabensammlung wäre nicht möglich gewesen ohne das Projekt „Identifikation und Förderung sprachlich besonders befähigter Schüler". Ich danke dem Geldgeber – dem Bundesministerium für Bildung und Wissenschaft – und ich danke allen Mitarbeitern für ihre kritische Unterstützung. Ganz herzlich danke ich auch den Teilnehmern unserer Kurse, deren Enthusiasmus uns getragen hat.

Joachim Fritzsche　　　　Hamburg, Juli 1989

Hinweis:

Am Fachbereich Erziehungswissenschaft der Universität Hamburg ist ein Unterrichtsfilm (VHS-System) zum „Kreativen Schreiben" käuflich oder leihweise erhältlich. Er wurde in den Gruppen aufgenommen, aus denen auch die meisten der Beispiele stammen und in denen die berichteten Erfahrungen gemacht wurden. Interessenten wenden sich an:

Sibylla Leutner-Ramme
Universität Hamburg
FB Erziehungswissenschaft
Von Melle Park 8
2000 Hamburg 13

Figurengeschichte

Aufgabe: Drei bis vier Kleingruppen denken sich je eine Figur aus, die in einer Geschichte vorkommen soll. Sie geben Namen, Alter, Aussehen und Eigenschaften an, d. h., sie beschreiben sie äußerlich und innerlich so gut, daß man sie sich vorstellen kann. Die Gruppen stellen dann ihre Figur im Plenum vor. Nun schreibt jeder Schüler eine Geschichte, in der diese drei oder vier Figuren etwas miteinander zu tun haben.

Erläuterungen: Diese Aufgabe fördert das gemeinsame Arbeiten in der Gruppe. Sie betont das Konstruierte, Ausgedachte von Geschichten und macht auf den Zusammenhang von Charakter und Handlung aufmerksam. Nicht zuletzt schult sie die Fähigkeit, mit gegebenem *Material* (hier: Figuren) etwas anzufangen.

Im Plenum kann festgelegt werden, wann und wo die Geschichte spielen soll. Es kann auch eine Anfangsszene abgesprochen werden (enthaltend Tageszeit, Jahreszeit, Epoche, Ort, Raum usw.). Diese Festlegungen sollten aber erst erfolgen, wenn die Figuren schon vorgestellt worden sind – also nicht schon nach der Aufgabenstellung. Sonst verliert die Aufgabe den Reiz, der im Zusammenbringen von möglicherweise nicht Zusammenpassendem besteht.

Man muß darauf hinweisen, daß die vorweggenommene Beschreibung der Figuren nur für den Autor bestimmt ist, nicht für die Leser, d. h., die Beschreibung soll möglichst nicht direkt in der Geschichte vorkommen („Georg, ein ältlicher Briefträger von kleiner Statur, mit glattrasiertem Gesicht ...“), sondern z. B. in Handlung aufgelöst („Er sprach mit fremdländischem Akzent ... Sie strich ihr langes, schwarzes Haar zurück“) oder auch gar nicht wörtlich: Der Leser soll den Eindruck von der Figur gewinnen, den der Autor von ihr hatte, obwohl er sie gar nicht genau beschreibt.

Schwierigkeiten bereitet die Verbindung der (meist nicht zusammenpassenden) Figuren. Zwei naheliegende Lösungen für dieses Problem sind:

a) Schnittechnik (eine Figur wird nach der anderen eingeführt, deutlich abgesetzt),

b) ein gemeinsamer Ort wird gefunden, wo sich alle aufhalten können (Wirtshaus, Zug).

Meistens machen die Schreiber eine der drei oder vier vorgegebenen Figuren zur Hauptfigur, gewöhnlich die, an deren Beschreibung sie selbst beteiligt waren. Natürlich können darüber hinaus noch weitere Figuren in der Geschichte vorkommen. Dennoch empfiehlt es sich, die von den Gruppen bestimmten Figuren nicht „Hauptfiguren“ zu nennen, denn sonst meinen die Schüler, sie müßten alle drei oder vier gleichgewichtig behandeln, und das ist recht schwer. Es erhöht die Spannung und vermeidet unsinniges Vorausplanen, wenn den Schülern zu Beginn noch nicht gesagt wird, wozu sie sich die Figuren ausdenken sollen.

Die Figurenbeschreibungen sollten in Stichworten an der Tafel festgehalten werden.

Erfahrungen: Die Figuren werden häufig nicht individuell gezeichnet, sondern klischeehaft typisiert. Deswegen sollte viel Zeit in den Kleingruppen und im Plenum für die Charakterisierung im Sinne der Individuierung verwendet werden. (Dennoch gilt obige Warnung: Diese Figurenbeschreibung sollte nicht direkt im Text erscheinen!)

Oft werden die Figuren negativ gekennzeichnet (alt, schmuddelig, böse, verrückt ...); aber was für Geschichten entstehen, wenn alle Figuren negativ sind?

Die Aufgabe kann zu recht langen Geschichten führen, wenn genügend Zeit zur Verfügung steht.

Bei der Besprechung kann gefragt werden, wie plausibel die Handlung ist, ob man sich die Figuren gut vorstellen kann und wie interessant (spannend? lustig?) die Geschichte ist.

Die Aufgabe eignet sich gut als Einstieg in kreatives Schreiben überhaupt, weil sie gemeinsames und individuelles Tun verlangt und Festlegung und Freiheit in einem ausgewogenen Verhältnis stehen.

Zeitbedarf: Aufgabenstellung (mit Vorlesen einer Figurencharakteristik als Beispiel) 5 Min., Gruppenarbeit 15 Min., Plenum 10 Min., Geschichten schreiben 45 Min., Vorlesen und Besprechen pro Schüler ca. 5 Min.

Beispiel: Figurenbeschreibungen der Schüler:

1. Nachbar Jürgen Hass, verheiratet, 1 Hund, ca. 1,80 m, sehr dick, ungepflegt, Glatze, Doppelkinn, riecht unangenehm, Alter 38, Beruf: arbeitet im Amt, aufdringlich, wenn es sein muß: hilfsbereit, baut andauernd sein Haus um, läßt sich gern von anderen helfen, redet viel
2. Kellner Massimo, 30 Jahre alt, schwarze Locken, dichtes, schönes Haar, schlank, majestätischer Schritt, braune Augen, ohne Bart, ca. 1,80 m groß, weiße Zähne, sympathische Ausstrahlung, kinderfreundlich, Italiener, nicht tätowiert, mittelmäßiges Temperament, fröhlicher, aufgeweckter junger Mann, pflichtbewußt, Schuhgröße 42, keine Kinder, schwarze Weste und Hose, weißes Hemd, kein Parfüm
3. Playboy John Pierre Bohnensack, Alter 31, Größe: 1,85 m, 80 kg, 3 × geschieden, Aussehen: braune Augen und Haare, 3-Tage-Bart, muskulöser Body, nackte Frau auf die Brust tätowiert, Plattfüße, Ring im Ohr; eifersüchtig, jähzornig, aufbrausend, eitel, sportlich; 5 uneheliche Kinder.

Valeska (12): Geld allein bewegt die Welt

Klopf, tuck, krrrrrrr...... „Da baut wohl mein lieber, sehr verehrter Nachbar, Herr Hass, schon wieder etwas an seinem Haus um. Neue Ideen kommen ja täglich über seinen Schreibtisch in der Bauprüfabteilung, na, und das nötige Geld kommt wohl auch – nur nicht so offen. Der Mann muß seinen Bewegungsdrang ja auch irgendwo ausleben. Ich habe dafür meinen Beruf, was bin ich letzte Nacht im Restaurant wieder gelaufen bis in den frühen Morgen."

Am liebsten würde Massimo jetzt zum Nachbarn gehen und für Ruhe sorgen, um wenigstens noch ein bis zwei Stunden zu schlafen. Die Kellnerarbeit im Restaurant war wieder sehr anstrengend und lang gewesen. „Aber nein, an Schlaf kann ich gar nicht mehr denken. Und rübergehen und etwas sagen? Nein, das geht schon gar nicht. Sonst bekomme ich keine Baugenehmigung für mein eigenes Restaurant. Ich habe mich doch schon um Schmiergeld bemüht, und mit ein bißchen Schmiergeld müßte ich es schaffen. Endlich was Eigenes!"
Jetzt klingelte auch noch das Telefon. „Wer das wohl ist?" Mit einem Satz verließ ich mein warmes Bett, ging ans Telefon und grunzte hinein: „Hier Massimo." Eine tiefe Stimme, die nach John Pierre Bohnensack klang, antwortete: „Hallo, Massimo! Ich hoffe, ich störe dich nicht. Dein Restaurant wird bald stehen! Ich habe meinen Kumpeln das Geld für Hass aus der Tasche gezogen. 10000 Piepen sind es, aber gib nicht zuviel Schmiergeld. Tschau, bis 3 Uhr, und bring den Vertrag mit!" Ich konnte gerade noch „Tschüs" sagen, schon hatte Bohnensack den Hörer auf die Gabel geknallt. Jetzt war ich vollends wach. Ich zog mir meine neuen Sachen aus Italien an und machte mich auf den Weg zu Hass, nicht ohne das kleine Parfümfläschchen für seine Frau mitzunehmen.
Als ich zu dem Haus von Hass kam, überlegte ich, wie immer, wenn ich hierher kam, wie wohl die Frau von Hass diesen Gestank aushalten könnte. Ich klingelte und hoffte, daß man das Klingeln durch den Lärm überhaupt hören könne.
Frau Hass öffnete: „Ach mei, der Herr Massimo! Daß Sie uns auch mal wieder besuchen! Kommen Sie doch herein! Treten Sie näher! Wollen Sie einen Kaffee?"
Ich unterbrach ihren Redeschwall damit, daß ich ihr das wundervoll eingepackte Parfümfläschchen gab. Unter ihrem tausendmaligen Dank und „aber das wäre doch nicht nötig gewesen" gelang es mir schließlich zu fragen, ob ich ihren Mann sprechen könnte. Frau Hass ging ins Haus und rief: „Jürgen, Jürgen, kommst du mal bitte, der liebe Massimo ist hier, er möchte dich sprechen."
Das Hämmern brach jäh ab, und mein Nachbar Hass stürmte die Treppe hinunter. Er schickte seine Frau in die Küche, damit sie uns Kaffee kochte. Dann wandte er sich an mich: „Verehrter Massimo, wie aufmerksam, daß Sie mich auch einmal besuchen, wo wir doch als Nachbarn soviel Sympathie füreinander haben. Kann ich Ihnen irgendwie behilflich sein? Ich tue es außerordentlich gern. So fleißige Italiener, wie Sie einer sind, habe ich noch nicht kennengelernt."
Nach dieser Scheinhöflichkeitsorgie antwortete ich: „Ich komme wegen der Bauerlaubnis. Ich bekomme heute nachmittag das Geld. Wären Sie mit 9000 zufrieden?" „Aber ja doch, kommen Sie morgen um 8 Uhr aufs Amt, dann stelle ich sie Ihnen aus." Damit ließ er mich stehen. Als ich zu meinem Haus zurückging, sah ich seine Frau mit der Kaffeekanne in der Hand verdattert in der Tür stehen.
John Pierre Bohnensack kam pünktlich um 3 Uhr mit dem Geld. Ich mußte das Geld mit ihm durchzählen. Dabei machte er sich ganz schön wichtig: „Ich mußte meine Partner ganz schön bitten. Andererseits wäre es für mich eine Leichtigkeit, dir ganz allein das Geld zu borgen, wenn du

es nur nicht so eilig gehabt hättest. Die zwei Porsches hätte ich bestimmt in der nächsten Woche verkauft, und da wären für dich leicht 10000 Piepen abgefallen, und ich hätte auch noch meinen Schnitt gemacht. Na ja, nun hab ich dir aber auch als Express das Geld gebracht. Was wärest du bloß ohne mich ... Übrigens, was mußt du zahlen?"
„9000", antwortete ich.
„Ausgezeichnet, den Rest bekomme ich als Vermittlungsgebühr. Sind immerhin mehr als 10%!"
Mir fiel es fast schwer, als John Pierre Bohnensack zwei Gläser mit Martini füllte, auf den Anfang des eigenen Restaurants anzustoßen.

Matthias (13): Der Werbefilm

„Klappe die Erste" schreit der Regisseur.
Die Kamera läuft, der Sprecher kann beginnen:
„Es war einmal ein Kellner, der hieß Massimo. Er war ein junger, freundlicher und sympathischer Mann, der in einem kleinen Restaurant in Italien seine Spaghetti Bolognese Tag für Tag von Tisch zu Tisch trug. Eines Tages, es war Ferienbeginn, betrat ein älterer Mann mit Glatze das Lokal. Es war Massimos dicker Nachbar; doch die beiden konnten sich nicht leiden. „Ich möchte gerne eine doppelte Portion der neuen Spaghetti Bolognese von Oettker." Doch plötzlich sprang die Tür auf, und ein muskulöser maskierter Mann stürmte in das Lokal. In der rechten Hand hielt er einen Revolver. „Hände hoch oder ich schieße!" schrie er. Jürgen, Massimos Nachbar, sprang auf. „Soll das ein Scherz sein?" „Hinsetzen, Dicker, oder es knallt!" „Was wollen Sie denn?" wagte Massimo zaghaft zu fragen. „Na, was wohl, die neuen Spaghetti von Oettker!" „Ach so!" Massimo seufzte erleichtert auf. „Da kann ich Ihnen die neue Familienpackung anbieten." „Oh ja!", schrie der Räuber begeistert. „Ich heiße übrigens John-Pierre Bohnensack und bin Playboy, nebenberuflich aber noch als Einbrecher tätig." „Sehr erfreut, ich heiße Massimo und bin Kellner", sagte Massimo. „Würden Sie bitte mal meinen Revolver halten, der stört mich beim Essen", fragte der Einbrecher Massimo. „Das wäre heute schon der vierte Einbruch wegen der neuen Spaghetti Bolognese von Oettker", dachte sich Massimo.
Ja, die neuen Spaghetti von Oettker. Da lohnt sich jeder Weg."
„Klappe die Erste zu Ende. Das war Spitze!"

Wer? Wo? Was?

Aufgabe: Jeder Schüler bekommt drei leere Zettel, möglichst in unterschiedlichen Farben. Auf den ersten Zettel schreibt er den Namen einer Person, auf den zweiten Zettel einen Schauplatz, auf den dritten Zettel einen Typ von Geschichte (Liebesroman, Wildwestroman, Spionagegeschichte, Krimi, Abenteuerroman, Gruselgeschichte usw.).
Die Zettel werden innerhalb der Farbe gemischt. Dann zieht jeder Schüler aus jedem Stapel einen Zettel. Er muß nun eine Geschichte des angegebenen Typs erfinden, wobei die Hauptperson und der Schauplatz schon bestimmt sind.

Erläuterungen: Diese Aufgabe kann an die „Figurengeschichte" angeschlossen werden. Jetzt sind aber nicht nur Figuren bestimmt (allerdings nur durch einen Namen), sondern auch Schauplatz und Inhaltskern. Daß die Angabe des „Was" in Form von Trivialliteraturgenres geschieht, bedeutet nicht, daß diese Genres wesentlich sind und etwa nun Muster der Trivialliteratur erarbeitet werden sollten. Vielmehr dienen diese Angaben zur Festlegung des Inhalts: Es soll in der Geschichte um Liebe gehen oder um Verbrechen oder um Grusel usw.
Die Genres (und damit Inhalte) sollten – ehe jeder Schüler eines aufschreibt – an der Tafel gesammelt werden, wobei man ein oder zwei vorgeben kann: „Was für eine Geschichte könnte es sein? Eine *Liebesgeschichte* vielleicht. Oder ein *Krimi*. Was noch?" Versäumt man das, so kann es geschehen, daß Genres auf den Zetteln stehen, mit denen die Schüler, die die Zettel ziehen, nichts anfangen können, z. B. „Untergrundgeschichte".
Als Namen sollten nur solche gewählt werden, unter denen sich jeder etwas vorstellen kann. Es muß festgelegt werden, ob reale Personen (Pop-Stars, Sportler, Politiker, Mitschüler usw.) oder fiktive aufgeschrieben werden sollen.
Durch zusätzliche Festlegungen (vor allem weitere Personen, aber auch Handlungselemente) wird die Freiheit des Schreibers weiter eingeschränkt und die Lösung schwieriger.

Erfahrungen: Wenn reale Personen genommen werden, noch dazu Mitschüler oder Lehrer, werden die Geschichten meistens komisch und enthalten Klamauk, selbst wenn das Genre das gar nicht vorsieht.

Zeitbedarf: Aufgabenstellung und Vorbereitung (incl. Auslosen) 15–20 Min.; Schreiben 45 Min., Vorlesen und Besprechen pro Schüler mindestens 3 Min.

Beispiel: Jovanca (13): Mit Bleistift, Schere, Nähmaschine
(Gegeben waren: Victoria Strohsack, Marseille, Problemgeschichte)
„Mein Gott", sagte sie zu sich selbst, „jetzt bin ich erst vier Monate hier, und es kommt mir vor, als seien es schon drei Jahre." Sie cremte ihren Sonnenbrand ein und starrte in den Spiegel. Ihre rotblonden Haare hin-

gen zerzaust bis zu ihren Schultern, und ihre Gesichtsfarbe glich der eines gekochten Hummers. „Mensch, Victoria“, fuhr sie ihr Spiegelbild an, „warum denn gerade Marseille? Anderswo gibt es doch auch Designerschulen, und warum gerade Marseille mit deinen Französischkenntnissen?“
Sie griff zu ihrer Zeichenmappe und schlüpfte in ihre Schuhe. Als sie auf die Straße trat, drangen ihr Staub und Autoabgase entgegen. Hastig ging sie über die Straße, vorbei an der neuen Patisserie. Sehnsüchtig starrte sie auf die Auslagen im Schaufenster. Eine Autohupe riß sie aus ihren Gedanken. Erschrocken lief sie weiter. Mit großen Schritten sprang sie die Stufen des grauen Gebäudes hoch. Auf dem Weg zum Zeichensaal traf sie mit Madame Ruckie zusammen. „Oh, ma chère! Aujourd'hui tu es trop tard!“ „Oui, oui, Madame Ruckie! Excusez-moi!“
Gefrustet ging sie hinter Madame Ruckie her. „Wenn ich schon einmal zu spät komme, warum muß ich dann gerade ihr über den Weg laufen?“
An diesem Morgen fiel Victoria nicht sehr viel ein. Neidisch dachte sie an die Zeichnungen der anderen Schüler. Sie dachte an die Modenschau in einem Monat, und ängstlich fiel ihr ein, wie sie dastehen würde, was sie wohl zu zeigen hätte. Nichts! Ganz bestimmt nichts! Sie hatte keine Lust mehr. Sie wollte lieber schlafen.
Als sie mitten in der Nacht erwachte, wußte sie zuerst nicht, wo sie sich befand. Sie dachte nur an ihren wunderschönen Traum. Sie hatte geträumt, man hätte sie bei der Modenschau entdeckt. Ihre Kollektion war so gut bei dem Publikum angekommen. Alle umjubelten sie. Victoria schloß noch einmal ihre Augen, und da, da waren sie wieder. Sie sah die Kleider, Kostüme, Hosen und Jacken wieder ganz deutlich vor ihren Augen. Wie eine Irre sprang sie aus ihrem Bett. Sie zeichnete all das auf, was sie in ihrem Traum so deutlich gesehen hatte. Erst als die Sonne aufging, war sie mit dem letzten Bleistiftstrich fertig. Sie zog sich schnell an, klemmte ihre Zeichnungen unter den Arm und rannte zur Designerschule. So früh war noch keiner da. Bis auf Madame Ruckie. Diese wunderte sich natürlich, als Victoria grinsend vor ihr stand.
„Oh, ma chère! Est-ce que tu es malade? Qu'est-ce qu'il se passe?“
Victoria legte Mme Ruckie ihre Zeichnungen auf den Tisch. Mme Ruckie zog ihre Augenbrauen hoch, dann klappte ihr Unterkiefer runter, und schließlich schrie sie auf: „Oh, Victoria! C'est formidable. Formidable!“
Mme Ruckie war begeistert. Sie unterstützte Victoria in ihren Ideen und half ihr beim Aussuchen der Stoffe.
Bald war der große Tag der Modenschau da. Viele wichtige Leute wurden geladen. Victoria war so aufgeregt. Unruhig ging sie hinter dem Laufsteg auf und ab. Sie freute sich über die Reaktion des Publikums. Es war begeistert. Am Ende wurden die Designer der Modelle vorgestellt. Als Victoria auf den Laufsteg trat, überfiel sie ein Schwall von begeisterten Zurufen. Das Publikum verlangte noch einmal ihre Modelle. Es wurden noch einmal alle vorgeführt. Victoria zerfloß beinah vor Glück. Sie war an einem Tag berühmt geworden.

Möglichkeitengeschichte

Aufgabe: Schildere in drei Sätzen eine alltägliche Situation. Laß dann eine gewöhnliche Handlung beginnen und brich ab. Gib in Stichworten mehrere Möglichkeiten an, wie die Geschichte überraschend weitergehen könnte; wähle dabei sowohl *realistische* als auch *phantastische* Möglichkeiten. Lies den Anfang und die Möglichkeiten vor und lasse die Mitschüler entscheiden, welche der Möglichkeiten du nehmen sollst. Mache aus der dann von der Gruppe gewählten Möglichkeit eine Geschichte.

Erläuterungen: Das Verhältnis von Wirklichem und Erfundenem ist in der poetischen Literatur allemal virulent; diese Aufgabe macht es zum Thema. Sie betont den willkürlichen und „gemachten" Charakter von Geschichten, und sie regt dazu an, alltägliche Wirklichkeit unter dem Aspekt des jetzt möglichen Geschehens zu betrachten: „Was könnte jetzt passieren?"

Damit die Teilnehmer wissen, was erwartet wird, sollte ein Beispiel gegeben werden. Es muß dem Erfinder der Möglichkeiten klar sein, daß jede Möglichkeit von der Gruppe gewählt werden kann; deshalb sollte der Schreiber keine Möglichkeit nennen, zu der ihm nachher nichts einfällt. Am besten sollten nur Möglichkeiten festgehalten werden, zu denen im Kopf des Schreibers schon der Umriß zu einer Geschichte bereit liegt.

Erfahrungen: Es gibt Schüler, die eine Vielzahl von Möglichkeiten nennen, aber sie nicht ernst nehmen. Anderen Schülern fällt angeblich wenig ein; aber das liegt meistens daran, daß sie nur solche Möglichkeiten notieren, zu denen sie gegebenenfalls auch etwas schreiben könnten.

Die Unterscheidung von realistischen und phantastischen Möglichkeiten bereitet bisweilen Schwierigkeiten, und zwar vor allem, weil den Schreibern realistische Möglichkeiten, die dennoch nicht alltäglich, sondern überraschend sind, nicht in den Sinn kommen. Die Grenzen zwischen „alltäglichen" und „nicht alltäglichen" sind natürlich fließend.

Für das Verständnis der gemeinten Unterscheidungen hat sich das folgende Beispiel als hilfreich erwiesen:

„Ein Hund läuft über die Straße." (Alltäglich)

„Er kommt heil auf der anderen Straßenseite an." (1. Möglichkeit, alltäglich)

„Er macht mitten auf der Fahrbahn sein Häuflein." (2. Möglichkeit, nicht alltäglich, realistisch)

„Er wird überfahren." (3. Möglichkeit, nicht alltäglich, realistisch)

„Eine grüne Hand mit sieben knollenartigen Fingern schießt aus der Fahrbahndecke heraus und packt den Hund bei der Gurgel." (4. Möglichkeit, nicht alltäglich, phantastisch)

Die Gruppen neigen dazu, die phantastischen Möglichkeiten zu wählen und dem Schreiber in Auftrag zu geben. Es entstehen dann komische, groteske, surreale Geschichten.

Variante: Eine Variante zu dieser Aufgabenstellung sieht so aus: Ein Teilnehmer schildert (schriftlich) eine Situation, der nächste nennt die Möglichkeiten, der dritte schreibt die Geschichte.

Zeitbedarf: Aufgabenstellung mit Beispiel 5 Min., Anfänge und mögliche Fortsetzungen schreiben 20 Min., Vorlesen und Auswählen pro Teilnehmer 2 Min., Schreiben der Geschichten 40 Min., Vorlesen und Besprechen pro Teilnehmer 3 Min.

Beispiel: Andrea (13):

Situation:

An einem schönen Sommertag im August fing die Schule wieder an. Die Schüler strömten durch das Schultor zu ihren Klassen. Auch die Kinder der Klasse 8g fanden sich in ihrem Raum ein. Plötzlich ...

Möglichkeiten:

a) ... kam ihr Klassenlehrer, wie immer etwas zu spät, und fing an, ihnen ihren neuen Stundenplan zu diktieren ...

b) ... stand ihr Englischlehrer vor ihnen. In der Hand hielt er Blätter: Testblätter. Er grinste hämisch und sagte: „Jetzt schreiben wir einen Test" ...

c) ... unterbrach einer von ihnen seinen Urlaubsbericht und fing an zu jodeln ...

d) ... krachten sämtliche Stühle der Klasse zusammen. Hatte doch irgendein Lausbub alle Beine angesägt! ...

e) ... stand die Klasse unter Wasser, Wasserrohrbruch. Und das am ersten Tag! Die Kinder jubelten ...

f) ... fing der Lehrer an, sich vor ihren Augen in einen Frosch zu verwandeln ...

Die Gruppe wählte die Möglichkeit f).

Geschichte:

An einem schönen Sommertag im August fing die Schule wieder an. Die Schüler strömten durch das Schultor zu ihren Klassen. Auch die Kinder der Klasse 8g fanden sich in ihrem Raum ein. – Der Unterricht begann. Plötzlich fing ihr Lehrer an, sich vor ihren Augen in einen Frosch zu verwandeln. Er begann, langsam grün zu werden. Erst die Füße, dann die Beine, dann der Bauch, die Schultern, der Kopf. Und während er sich färbte, ging auch eine andere Verwandlung mit ihm vor. Kaum waren die Füße grün, so waren es keine normalen Füße mehr, sondern widerliche, glibschige, mit Schwimmhäuten. Schließlich war er ganz grün. In dem Moment stand kein Mensch mehr dort vorne am Pult, sondern ein Frosch. Aber was für einer! Anstatt kleiner zu werden wie ein gewöhnlicher Frosch, wurde er immer größer und größer ... bis er fast den ganzen Raum ausfüllte. Die Schüler bekamen kaum noch Luft! Der riesige, eklige Frosch starrte auf die Klasse. In seinen Augen funkelte Bosheit, aus seinem Maul lief gelber Schleim. Als einer versuchte, durch ein halboffenes Fenster zu entkommen, streckte der Monsterfrosch seine schleimige Zunge aus, und schwups hatte er ihn verschlungen. Den Schülern stockte der Atem. Würde der Frosch sie alle verschlingen? Wie sollten sie entkommen? Nach dem Ausbruchsversuch verstellte der Frosch die Tür. Mit einem seiner mit bläulichen Adern durchzogenen Füße drückte er das einzig offene und zu öffnende Fenster zu. An der Wand und am Fenster blieb eine grünliche Schleimspur zurück. Nun drehte der Riesenfrosch sich mit einem Ruck wieder zu den Kindern um. Mit seinen riesigen Glubschaugen blickte er sie an. Er begann mit scharrender, ekliger Stimme zu reden. Reden? Reden konnte man es nicht nennen. Es war ein Gemisch aus Lauten und Sprache, was der Frosch sabberte. Er stellte jedem Fragen. Den Schülern rutschte das Herz in die Hose. Denn wer konnte schon die Fragen beantworten? Die meisten hatten nicht gelernt, und die anderen vergaßen das Gelernte sofort unter dem stechenden Blick des Frosches. So wurde einer nach dem anderen verschlungen, denn das war die Strafe fürs Nichtkönnen. Ob die übrigen Schüler gerettet wurden, weiß ich nicht, denn auch ich wurde verschlungen.

Zehn kleine Schreiberlein

Aufgabe: Jeder Schüler gibt an, wie lange er heute schreiben möchte. Minimum: 10 Minuten. Maximum: möglichst 1 Stunde oder gar mehr; aber das hängt von der zur Verfügung stehenden Zeit ab. Die Angaben werden an der Tafel notiert, und dann wird eine Reihenfolge festgelegt: An vorderster Stelle steht der Schüler mit der längsten Schreibzeit, an letzter Stelle der mit der kürzesten Schreibzeit. Bei Gleichstand wird die Reihenfolge jeweils ausgelost.
Auftrag an alle: Schreibe den Anfang irgendeiner Geschichte!
Nun wird in der vorher bestimmten Reihenfolge vorgelesen. Wenn der erste seinen Anfang vorgelesen hat, überlegt die Gruppe gemeinsam, wie die Geschichte weitergehen könnte. Der Verfasser des Anfangs wird schließlich mit der mehr oder weniger vollständigen „Inhaltsangabe" seines noch zu schreibenden Textes entlassen und muß nun (in einem anderen Raum) die Geschichte schreiben.
Nun kommt der zweite dran, und es wird genauso verfahren. Die Gruppe wird natürlich immer kleiner: Zehn kleine Schreiberlein, die ...

Erläuterungen: Die Aufgabe fördert die Gemeinsamkeit der Gruppe. Sie nötigt den Schreiber, sich in einen Stoff hineinzudenken, den andere sich ausgedacht haben; aber es ist doch nicht so schwer, wie wenn der Stoff irgendwo (etwa in einem Lehrbuch) vorgegeben wäre; denn die Mitschüler entwickeln ihn ja im Beisein des künftigen Schreibers, und er kann daran mitwirken und auch Fragen stellen.
Außerdem regt die Aufgabe dazu an, sich für verschiedene Anfänge Fortsetzungen auszudenken. Schwächere Schüler können mit verfolgen, wie ihre Klassenkameraden dabei zu Werke gehen, wie ein Wort das andere gibt, wie eine Idee die andere nach sich zieht, wie Einfälle kommen und weshalb sie wieder verworfen werden.

Erfahrungen: In der beschriebenen Form baut die Aufgabe auf Bedingungen auf, die nicht immer gegeben sind: Eine relativ kleine Gruppe („10 Schreiberlein"), viel Zeit, mehrere Räume. Der Grundgedanke, daß die Gruppe (Klasse) gemeinsam überlegt, wie eine angefangene Geschichte fortgesetzt werden könnte, sich dann auf eine Fortsetzung einigt und diese dem Schreiber „in Auftrag gibt" – dieser Grundgedanke kann aber auch anders verwirklicht werden, z. B. so, daß die Geschichten zu Hause geschrieben werden („Hausaufgabe"). Allerdings ist dann der Witz der „10 kleinen Schreiberlein", die nacheinander die Gruppe verlassen, nicht mehr da.
Es machte den Schülern großen Spaß, sich gegenseitig die Geschichten zu verpatzen und den Schreiber zu einer ganz anderen Fortsetzung zu zwingen, als er wollte.

Zeitbedarf: Festlegen der Schreibzeit 10 Min., Anfänge schreiben 10 Min., Vorlesen und Weiterspinnen pro Schüler etwa 10 Min., Schreibzeit hängt von der Zahl der Teilnehmer ab, ebenso Zeit fürs Vorlesen und Besprechen.

Jovanca um [illegible] Kai 10.28.
Die Beratungen zu den jeweiligen Plots verliefen turbulent, die Schüler waren z.T. sehr motiviert und bekamen zusehends Spaß an der Sache. Probleme stellten sich ein, wenn ein vorgelesener Anfang einzelne zu Detailschilderungen animierte, ohne daß ein größerer Handlungsrahmen festgesetzt wurde. Z.T. konnte sich die Gruppe sehr schnell auf einen Plot einigen wie bei Julias Anfang, z.T. gingen die „Schreiberlinge" mit den unterschiedlichsten Hinweisen ohne genaueren Auftrag hinaus. Besonderen Spaß bereitete der Gruppe offenbar, den sich manchmal im Anfang abzeichnenden Plot umzubiegen. Olivers „Flugzeugentführung" wurde von den Mädchen zur Begegnung mit einer Traumfrau umgebogen (allerdings einschließlich einer Entführung), Kais „Horror-Schloß" sollte zu einer Liebesgeschichte werden. Jetzt wollten überraschend Katrin und Anna doch wieder mitmachen und gingen nach ihren kurzen Beratungsphasen raus, während Matthias als letzter um 10.40 ohne Hinweise zu seinem Anfang entlassen wurde.
Gegen 11.00 kamen die ersten wieder …

Jovanca (13): Das schönste Weihnachtsgeschenk

Er hielt sein Fünfmarkstück fest in der Hand. Es war schon ganz warm geworden. Seine Augen huschten immer wieder über das Spielzeug, das im Schaufenster so bunt dekoriert war. „Na, mein Junge", sagte ein alter Mann freundlich, „schöne Sachen gibt es hier zu kaufen." Markus nickte und schaute seufzend auf sein Fünfmarkstück. Wie gern hätte er die Eisenbahn gehabt!

Bis hierhin reichte Jovancas Anfang, und nun machte die Gruppe Vorschläge (wörtliches Protokoll):

– Er findet noch mehr Geld.
– Ja, genau!
(Durcheinander)
– Er möchte das klauen.
– Und da wird er erwischt.
– Er klaut dann und wird erwischt.
– Oder er macht 'ne Heldentat irgendwie und kriegt dafür 'ne Belohnung.
– Nein, das ist … (unverständlich)
– Er rettet jemanden.
– Richtig, da wird eingebrochen …
– Ich find's besser, wenn er was klaut.
– Er will was klauen und wird dabei erwischt.
Lehrer: Ja, und dann? Weiter!
– Dann kommt die Polizei.
– Was will er denn jetzt klauen – die Eisenbahn oder Geld?
– Die Eisenbahn!
– Ach, er klaut die Eisenbahn! Meinst du nicht, das ist ein bißchen umständlich?
– Na ja, die ist groß.
Lehrer: Vielleicht klaut er lieber Geld aus der Kasse.

– Wir müssen doch nicht immer alles kriminell machen!
– Er klaut nicht.
– Oder er möchte klauen und sagt sich dann doch, daß er das nicht machen sollte.
– Und dann versucht er so, die zu klauen, und dann denkt er sich ... dann hat er Gewissensbisse. Dann überlegt er sich, ob er nicht doch ...
– Nein, dann kriegt er das zu Weihnachten geschenkt, so 'ne Eisenbahn.
– Ja, genau, zu Weihnachten.
– Oder er findet Geld und kauft sich die und kriegt zu Weihnachten die Bahn nochmal geschenkt von seinen Eltern, was er nicht wußte.
– Lustig!
Lehrer: Und die Eltern wußten auch nicht, daß er sich unterdessen schon die Bahn gekauft hat? Ich seh immer noch nicht, wie die Sache weitergeht. Also: Er wollte was klauen, das macht er aber nicht. Wie geht's denn nun weiter?
– Also, dieser alte Mann, der muß doch auch noch 'ne Rolle spielen.
– Wieso muß der 'ne Rolle spielen?
– Der kann doch auch nicht einfach nur da so vorbeikommen.
Lehrer: Das ist nicht so gut: Am Anfang wird 'ne Person eingeführt, und dann spielt die keine Rolle mehr.
– Vielleicht lädt der alte Mann ihn nach Hause ein und hat selber 'ne Eisenbahn.
– Ja, genau, und dann werden die Freunde, und dann geht der immer hin: „Ha, ich spiel mit der Eisenbahn." Dann geht der immer zu dem alten Mann und spielt bei dem mit der Eisenbahn. Dann braucht er die ja nicht mehr zu kaufen.
– Dann freundet er sich mit dem ganz toll an.
– Ja, genau. Und dann geht er immer zu dem zum Eisenbahnspielen.
Lehrer: Gut. Aber jetzt haben wir noch gar keinen Konflikt da drin.
– Und dann stirbt der Mann ...
– Ohhhh nein, Kai!
Lehrer (spottet): Der wird umgebracht, was?
– Schmeißt er sich vor die Lokomotive!
Anderer Erwachsener: Er befreundet sich mit dem alten Mann, weil er da immer hingeht und Eisenbahn spielt, und dann kriegt er zu Weihnachten eine eigene Eisenbahn, und jetzt könnte er eigentlich im Keller spielen. Und jetzt ist die Frage: Geht er wieder zu dem alten Mann, obwohl er jetzt so 'ne eigene Eisenbahn hat?
Lehrer: Jetzt kommt der alte Mann zu dem Jungen in Zukunft!
(Durcheinander)
Lehrer: Sie bauen eine Schiene von dem alten Mann bis zu dem Jungen!
– Zwei Eisenbahnen!
– Die können doch zufällig in *einem* Haus wohnen, und denn die beiden Keller liegen nebeneinander ...
Lehrer: So ein Zufall!
– Dann lassen sie die Eisenbahn mit Zetteln rumfahren, mit kleinen.
– Ich hab auch 'ne Idee: Der alte Mann hat 'nen Hund. Und das ist aber ein ganz großer, und der zertrümmert die Eisenbahn.
(Durcheinander)
Lehrer: Und wenn der alte Mann nun seine Eisenbahn dem Jungen schenkt?
– Genau, denn die Eltern von dem Jungen sind auch ziemlich arm.
(Großes Durcheinander)

– Das find ich schon sehr gut. Und dann erzählt er so. Dann ist Weihnachten vorbei, und er hat keine Eisenbahn gekriegt. Und dann ist er ganz enttäuscht, der Junge, und dann geht er hin und sagt: Ja, ich hab gedacht, ich krieg 'ne Eisenbahn, die hab ich nich bekommen. Das nächste Mal hat der alte Mann dann die Eisenbahn nicht mehr aufgebaut, sondern im Karton. Die Eisenbahn ist also nicht mehr da. Dann gibt er ihm so ein riesiges Geschenk und sagt: „Das ist das Weihnachtsgeschenk für dich!" Da gibt der alte Mann ihm die Eisenbahn.

Lehrer: Ist das nicht noch ein bißchen wenig bisher? Das läuft doch darauf hinaus: Erst hat er keine Eisenbahn und ist ganz traurig, dann hofft er, daß er zu Weihnachten eine kriegt, und dann kriegt er sie nicht, und dann kriegt er sie aber doch von dem alten Mann kurz nach Weihnachten. Ist das nicht noch ein bißchen spannungslos? Da fehlt noch was Besonderes!

– Der Junge geht jetzt zum alten Mann hin und sagt: „Ich bin ganz traurig" und so, und das nächste Mal dann erst, dann hat er so 'n Geschenk, und dann ist das eben die Eisenbahn.

– Ich hab noch 'ne Idee. Also vielleicht, wenn er da vor dem Geschäft steht, sagt der alte Mann: „Wenn du gern mal mit der Eisenbahn spielen willst, kannst du ja mal zu mir kommen." Und dann geht der Junge nach Hause so ganz traurig und so. Und dann kann man ja vielleicht kurz so die ärmliche Wohnung [schildern], das ist nicht sehr viel, und daß er nachts dann immer träumt, was er für Reisen mit der Eisenbahn macht, also selber, daß er so träumt, was er mit der Eisenbahn alles erlebt.

Lehrer: Aber im großen und ganzen läuft es ja doch darauf hinaus, daß er dann die Eisenbahn kriegt.

– Nee, und daß er dann Träume hat und dann gar nicht mehr interessiert ist an der Eisenbahn.

Lehrer: Jetzt kriegt er sie also nicht von dem alten Mann geschenkt?

– Der träumt jetzt die ganze Zeit von der Eisenbahn, und das ist ja unheimlich toll und schön, und als er die dann hat, merkt er, daß es gar nicht so toll ist. Und dann vernachlässigt er jetzt wegen der Eisenbahn noch seine Freunde, und dann merkt er schließlich, daß die Freunde wichtiger sind als die Eisenbahn.

– Aber was macht er dann mit der Eisenbahn?

– Dann schenkt er die jemandem!

– Aber wenn er immer zum alten Mann geht, dann braucht er eigentlich gar keine zu haben.

– Kann das nicht so sein, daß er sie erst haben will, und dann hat er einen Traum, daß er ganz klein ist und die Eisenbahn immer hinter ihm herfährt, und dann träumt er so – es gibt ja diese kleinen Männchen zu diesen Bahnen, daß er dann zu einem wird irgendwie, weil er den Trafo zu hoch aufgedreht hat oder so. Und dann geht er über die Gleise, und dann kommt die Bahn immer hinter ihm her. Und wenn dann 'ne Weiche abbiegt, dann schaltet irgendwie sich wie von Geisterhand die Weiche, und die Bahn kommt immer hinterher. Dann kann er sich gerade noch im letzten Moment zur Seite retten, und dann entgleist die Bahn, und dann schreit er, und dann wacht er auf, und dann mag er die Bahn doch nicht haben.

Lehrer: Jetzt sind's ganz unterschiedliche Ideen: Es kann realistisch weitergehen oder so traumhaft. Jetzt muß sich Jovanca selber entscheiden, was sie macht. Jetzt hat sie nur 'ne Sammlung von Ideen.

Jovanca verließ den Raum, und als sie wiederkam, legte sie diese Fortsetzung vor:

Aber sein Geld würde nur für zwei Säckchen Glasmurmeln reichen. „Die Eisenbahn hat es dir wohl angetan!" sagte der Alte lachend. „Ich habe zuhause eine ganz alte. Sie ist mein bestes Stück. Sie sieht zwar nicht mehr wie neu aus, aber sie fährt noch sehr gut." Markus' Augen wurden immer größer. „Ist sie", fragte Markus, „ist sie genauso schön wie diese?" „Viel schöner!" rief der Mann. „Ich kann mir leider keine Eisenbahn zu Weihnachten wünschen. Sie ist viel zu teuer, und meine Eltern haben nicht so viel Geld." „Nun laß man nicht gleich den Kopf hängen", sagte der Mann, „wenn du willst, darfst du mit meiner Eisenbahn spielen." „Wirklich?" schrie Markus. Der Mann lächelte und sagte: „Komm, ich wohne hier gleich um die Ecke." Die Eisenbahn war wirklich schön, und Markus vergaß beim Spielen ganz die Zeit. Als Markus mal zur Uhr schaute, war es schon sechs Uhr. Er sprang erschrocken auf und rief: „Ich muß heim, sonst macht sich Mama Sorgen." Der Alte brachte ihn noch zur Tür, und er sagte: „Wenn du willst, kannst du morgen wieder kommen. Mir hat das Spielen lange nicht mehr so viel Spaß gemacht." Das tat Markus auch. Er kam fast jeden Nachmittag zu dem Alten. Seine Mutter war zuerst nicht so glücklich darüber, aber jetzt freute sie sich für ihren Sohn. Markus fieberte nun auch schon Weihnachten entgegen, und als es dann so weit war, hatte er doch noch Hoffnung, daß er eine Eisenbahn bekommen würde. Aber er wurde enttäuscht. Keine Eisenbahn lag unter dem Tannenbaum. Am 1. Weihnachtstag ging er wieder zu dem Alten. Aber was war geschehen? Wo war die Eisenbahn? „Ist sie kaputt?" schrie Markus. „Hast du eine Eisenbahn zu Weihnachten bekommen?" fragte der Alte. „Nein!" sagte Markus leise. Da holte der Alte ein großes Paket hervor, liebevoll eingepackt. „Das ist für dich", sagte er und strahlte übers ganze Gesicht. Markus löste mit zitternden Fingern die Schleife und riß das Geschenkpapier ab. Dann öffnete er den Karton und starrte auf Eisenbahnschienen und auf die Eisenbahn. „Ist die für mich?" fragte Markus überrascht. „Ja, aber nur wenn du mir versprichst, daß du sie gut pflegst und daß ich auch mal mit ihr spielen darf." „Natürlich darfst du das", und er sprang vor Freude dem Alten an den Hals. „Ach, bevor ich es vergesse", rief Markus, „Mama hat dich ja zum Mittagessen eingeladen, denn wir haben noch sehr viel von der gefüllten Weihnachtsgans über!" „Das Angebot nehme ich gerne an!" sagte der Alte. Dann nahm Markus seine Eisenbahn und ging mit dem Alten zu sich nach Hause.

Wahr oder erfunden

Aufgabe: Schreibe zwei Erlebniserzählungen – eine wahre und eine erfundene. Laß die anderen Teilnehmer raten, welche die wahre und welche die erfundene ist.

Erläuterungen: Diese Aufgabe gewinnt ihren Reiz aus dem Erraten, dem auf seiten des Schreibers ein Verschleiern entspricht. Wie muß man Erfundenes darstellen, damit es glaubhaft ist? Und was muß man tun, damit Wahres erfunden scheint?

Damit die Ratenden eine faire Chance haben, muß vereinbart werden, daß bei den wahren Geschichten nicht geflunkert und nichts dazuerfunden werden darf. Der Leser darf nur durch die Wahl des Sujets („Das wird der doch nicht erlebt haben!") und durch die Darstellungsweise (z. B. besonders märchenhaft) irregeführt werden. Andererseits darf die erfundene Geschichte durchaus Wahres, Wirkliches enthalten – bei aller fiktiven Literatur ist das ja der Fall. Das darf freilich nicht so weit gehen, daß das Fiktive nur in Belanglosem besteht: „Das Erlebnis war gar nicht in *diesen* Ferien, sondern schon letztes Jahr" oder „Das hat gar nicht mein Bruder gesagt, sondern mein Freund". Hier wird eine Gratwanderung verlangt: So erfunden wie möglich und doch so glaubhaft wie möglich. (Einfache Mittel des Wahrmachens sind genaue Orts- und Zeitangabe, sachlicher Berichtstil, Appell an Alltagserfahrung.)

Es ist sinnvoll, unmittelbar nach dem Vorlesen eine „Probeabstimmung" durchzuführen. Danach wird argumentiert, und zuletzt läßt man nochmal abstimmen.

Nach einer ersten Ratephase in der Gruppe können die Texte nochmal überarbeitet werden und einer fremden Gruppe erneut zum Raten vorgelesen werden.

Erfahrungen: Die Aufgabe kommt sehr unterschiedlich an; vermutlich hängt das nicht zuletzt von der Überzeugungskraft ab, die derjenige aufbringt, der sie vorschlägt. Sie bietet aber am ehesten eine Form, in der auch in der Sekundarstufe I noch „Erlebniserzählungen" geschrieben werden können; denn in diesem Alter scheut man sich, von seinen Erlebnissen in der gewichtigen Schriftsprache zu erzählen und hält die „Erlebniserzählung" für albernen „Kinderkram". Durch das Spiel mit der Fiktionalisierung gewinnt die Erlebniserzählung aber einen neuen Reiz.

Die Aufgabe verlangt in jedem Fall viel Zeit und stellt hohe Anforderungen, weil ja *zwei* gute Texte geschrieben werden sollen.

Beim Raten wird klug argumentiert, wobei sich die eigene Schreiberfahrung auswirkt: Hätte ich dies selbst aufgeschrieben, wenn ich es wirklich erlebt hätte? Und hätte ich es wirklich *so* erzählt?

Bisweilen wird sogar die Schreiberstrategie mit in Rechnung gestellt: „Das klingt unheimlich glaubhaft. Aber wahrscheinlich wollte die Schreiberin uns damit gerade täuschen." Und umgekehrt: „Das klingt wahnsinnig märchenhaft. Wahrscheinlich ist es aber gerade deshalb wahr." Oder noch raffinierter:

„Das klingt ganz unglaublich. Wenn es wahr wäre, hätte man es nicht so deutlich unglaubhaft gemacht. Wahrscheinlich ist es also wirklich erfunden, und wir sollten gerade dadurch getäuscht werden, daß es eben so unglaublich klingt.“

Variante: 1. Jeder Schüler schreibt nur eine Geschichte, und die Klasse muß raten, ob sie wahr oder erfunden ist.

2. Jeder schreibt eine wahre Geschichte, in der nur eine, allerdings wesentliche Einzelheit erfunden ist. („An einer Stelle dürft ihr flunkern!“)

Zeitbedarf: Aufgabenstellung 5 Min., Schreiben der beiden Geschichten *jeweils* 30 Min., Vorlesen, Raten, Besprechen pro Schüler mindestens 5 Min.
Für die Varianten entsprechend weniger.

Beispiel: Inga (13):

I.

Es war ein sonniger Tag, gerade kühl genug, um wandern zu gehen. Wir wollten von Kappelrodeck aus nach Sasbachwalden laufen. Es war alles vorbereitet, der Rucksack gepackt, die Wanderschuhe gut zugeschnürt. So, dann ging es also los. Ich hatte nicht besondere Lust, Gisèle schien heute bester Laune. Lutz wollte gar nicht erst mitkommen. Faulpelz! Als wir ungefähr eine ¾ Stunde gegangen waren, kam uns eine kleine Katze entgegen. Sie legte sich auf den Boden und begann, sich gemütlich zu rollen. Wir streichelten sie. „Och, ist die süüüüß", sagte Gisèle und nahm sie auf den Arm. „Laß sie mich auch mal nehmen, Gisèle", sagte ich. „Kommt, Kinder! Wir müssen weiter!" Mein Vater stimmte zum Aufbruch an. Wir kamen langsam hinterher. Nach 10 Minuten weiterer beschwerlicher Wanderung sahen wir, daß die Katze uns folgte. Wir taten so, als bemerkten wir sie nicht. Leider half das nichts, sie folgte uns weiter. Gisèle war so fasziniert von ihr, daß sie glücklich darüber war, daß die Katze nicht abzuwimmeln war. Nach etwa 40 Minuten sahen wir eine Bäuerin vor einem Haus stehen. „Wollen Sie die Katze behalten, ach bitte, es wäre eine Erlösung für mich. Ich habe schon sieben Katzen, und dieses kleine Knäuel ist die achte. Haben Sie sie dort oben bei dem rotgelben Bauernhaus gefunden?" Sie ließ uns gar nicht antworten. „Wissen Sie, dort oben treibt sie sich öfter mal rum. Würden Sie die Katze behalten wollen?" „Och ja, das wäre schön, bitte, bitte, Heike!" „Das können wir aber nicht bestimmen, Gisèle", sagte meine Mutter. „Wir nehmen sie erst einmal mit, okay? Wenn deine Eltern es nicht erlauben, können wir sie ja wieder herbringen." Man konnte meiner Mutter deutlich ansehen, daß sie dieses Wollknäuel ins Herz geschlossen hatte. Nach einem langen Telefongespräch mit ihren Eltern durfte Gisèle die Katze mit nach Hause nehmen. Gisèle war überglücklich.

II.

„Wie bekommen wir bloß den Ball dort herunter?" Ja, Lutz hatte recht, das war wirklich eine schwierige Frage. Oben auf den Lampen der Privatschwimmhalle der Ferienanlage lag ein kleiner blau-oranger Wasserball.

Das Schwimmbad war leer, außer uns natürlich, Gisèle, Lutz und mir. Lutz saß am Beckenrand, Gisèle und ich standen, so gut es im kinntiefen Wasser ging, im Becken. „Vielleicht können wir mit irgendeinem Gegenstand den Ball herunterwerfen", schlug Gisèle vor. „Genau", rief ich, „aber womit?" Lutz stand auf und lief zu den Jungen-Duschen. Nach etwa einer Minute kam er wieder. Er hatte in beiden Händen eine Kugel aus Klopapier. Er hielt sie mir hin und sagte: „Damit!" Er stellte sich ganz nahe an den Beckenrand und warf. Daneben! Na ja, für den Anfang schon mal ganz gut. Da das Klopapier ins Wasser gefallen war, fischte ich es auf und warf es an Land. Inzwischen hatte Lutz schon den zweiten Versuch gestartet. Diesmal hatte er getroffen! Der Ball lag am Rand der Lampe, und das Klopapier war nicht mehr zu sehen. In diesem Augenblick kamen zwei große Jungen herein, ungefähr 17 Jahre alt. Lutz sprang ins Wasser und kam zu uns geschwommen. Wir besprachen, was wir jetzt weiter tun sollten. Da fielen mir die beiden „Schieber" auf, mit denen man den nassen Boden bearbeitet. Gisèle mußte wohl das gleiche gedacht haben, denn sie sagte: „Wir können doch die beiden Schieber zusammenbinden und dann ..." Lutz fiel ihr ins Wort: „... und dann die beiden Jungen fragen, ob sie uns den Ball herunterholen". Gesagt, getan. Die Jungen waren einverstanden und nahmen die von uns zusammengebundenen Schieber und versuchten, vom Wasser aus den Ball zu erreichen. Der erste Versuch schlug fehl, aber beim zweiten Versuch ging es so schnell, daß der Ball nur so heruntergeschossen kam. Wir bedankten uns, denn wir waren überglücklich, daß der Ball nun wieder da war. Wir begannen gleich, damit zu spielen, bis wir keine Lust mehr hatten und nach Hause gingen.

(Lösung: Die zweite Geschichte ist die wahre.)

Halbwahre Erlebnisse

Aufgabe: Ein Schüler erzählt ein Erlebnis, bricht aber vor dem Höhepunkt, vor dem Clou, der Pointe ab. Ein anderer Teilnehmer wird ausgelost; er nimmt diese Erzählung zur Grundlage für eine vollständige Geschichte: Er erzählt das Erlebnis nach, schmückt es literarisch aus, ändert – falls nötig – Kleinigkeiten und erzählt das Erlebnis dann so zu Ende, wie es ihm plausibel oder interessant (lustig, spannend) erscheint. Zunächst aber erzählt er mündlich seinerseits ein Erlebnis auf dieselbe Weise. Usw.

Erläuterungen: Diese Aufgabe spielt mit den Unterschieden mündlich – schriftlich und wahr – ausgedacht. Weil Geschriebenes weniger situativ verankert, also selbständiger ist, wird beim Schreiben stärker gestaltet. Die Umständlichkeit, mit der etwa die Vorgeschichte erzählt wird, ergibt sich nicht aus den situativen Umständen, sondern sie dient dem Autor als Mittel, um die Leser auf die Folter zu spannen: „Worauf will er hier nur hinaus?"

Es ist nicht sinnvoll, nur die Fortsetzung der Geschichte zu verlangen; das ist sowohl für den Schreiber schwieriger und unbefriedigender als auch für den Leser bzw. Hörer; denn der muß nun das vor einiger Zeit (bestenfalls vor einer Stunde, schlimmstenfalls vor mehreren Tagen) mündlich Erzählte im Kopf haben und ergänzen.

Verlangt werden sollte also eine vollständige Geschichte, eine „schöne, runde Sache". Dabei ist wichtig, daß der Erzähler frühzeitig abgebrochen hat. Hat er zuviel erzählt, bleibt dem Schreiber nur noch eine Nacherzählung übrig, keine Erfindung, und das empfinden vor allem schwächere Schreiber (die sowieso Mühe mit der Literarisierung von Erzähltem haben) als unbefriedigend.

Die Schreiber müssen darauf hingewiesen werden, daß Geschichten *Überschriften* haben.

Interessant ist natürlich die Fortsetzung, die der Schreiber gewählt hat. Nachdem er seine Geschichte vorgelesen hat und sie besprochen worden ist, erzählt deshalb derjenige, der die Sache erlebt hat, wie es denn in Wirklichkeit ausgegangen ist.

Um die Schreiber zu bestimmen, sollte man so vorgehen: Einer (vielleicht der Kursleiter, sonst jemand, der sich anbietet, weil er ein Erlebnis „auf Lager" hat) fängt an und erzählt. Unmittelbar wenn er fertig ist, wird der Schreiber durch das Los ermittelt – also nicht vorher! (Anderenfalls würde eventuell nur der künftige Schreiber konzentriert zuhören.) Dieser ist nun als nächster dran und muß seinerseits was erzählen. Damit wird vermieden, daß er sich schon jetzt innerlich aus der Erzählrunde verabschiedet und sich nur noch mit dem von ihm zu schreibenden Ereignis beschäftigt.

Wenn alle Schreiber bestimmt sind, können sie, um ihr Gedächtnis aufzufrischen, noch kurz mit dem Erzähler sprechen; aber es sollte klar sein, daß es nicht auf Wahrheit und Detailtreue ankommt: Die Schreiber sind keine Berichterstatter und auch keine vorlagengetreuen Nacherzähler, sondern sie haben dichterische Freiheit!

Da die Aufgabe wegen der Verbindung von *literarischer* Nacherzählung und Phantasieerzählung nicht ganz einfach ist, eignet sie sich eher für etwas ältere Schüler.

Variante: Mehrere Teilnehmer machen *eine* solche mündliche Erzählung zur Grundlage einer Geschichte. Es zeigt sich dabei, wie Unterschiedliches aus einem „Vorwurf" gemacht werden kann.

Erfahrungen: Oft wird gerade das mündlich Erzählte vom Schreiber lustvoll ausgestaltet, und das eigentlich Interessante, nämlich die Fortsetzung, der Schluß, kommt zu kurz, weil der Schreiber dann keine Zeit oder Lust mehr hat. Dies kann verhindert werden, wenn man die Teilnehmer bittet, sich zunächst die Fortsetzung auszudenken, ehe sie mit dem Schreiben beginnen.
Die Geschichten sind bisweilen charakteristisch für die Verfasser. Man sollte aber mit psychologisierenden und charakterisierenden Deutungen („bei Dir endet immer alles negativ!") zurückhaltend sein.

Zeitbedarf: Aufgabenstellung 3 Min., mündliches Erzählen und Auslosen des Schreibers jeweils 3–4 Min., Schreiben 30–40 Min., Vorlesen und Besprechen pro Schüler 3 Min.

Beispiel: Nina hatte mündlich erzählt:

Wir kamen aus dem Süden. Das war in den letzten Herbstferien. Im Flugzeug war das. Das Wetter war ziemlich bedeckt am letzten Tag, und es war auch Gewitter, glaube ich. Und vom Hotel hatten wir immer gesehen, wie die Flugzeuge aufgestiegen sind. Aber unser Flugzeug ist erst mal schon ganz anders aufgestiegen. Wir haben noch alles von der Insel gesehen. Und auf einmal war da unheimlich viel Geruckel und Sturm, und wir sind dann immer so runtergefallen, so, als würden wir in so Löcher kommen. Wir waren natürlich angeschnallt. Die Leute haben alle geschrien. Der Pilot hat geschwiegen, der hat sich nicht gemeldet. So weit.

Daraus machte Ann-Sophie (13) folgende Geschichte:

Angst durch Ungewißheit

Langsam zog das Flugzeug seine Kreise über Ibiza. Dann nahm es Kurs auf Hamburg. Als wir in die Wolken eintauchten, fing es plötzlich an zu schaukeln. Ab und zu, wenn das Flugzeug in ein Windloch geriet, sackten wir ab. Eine Frau im Heck fing an zu schreien. Wir wurden so durchgeschüttelt, daß einige glaubten, ihr letztes Stündlein hätte geschlagen. Das Flugzeug bockte, und wären wir nicht angeschnallt gewesen, weil wir gerade gestartet waren, wären einige vielleicht von ihren Sitzen geworfen worden. Überall ängstliche und verkrampfte Gesichter, die hilfesuchend herumblickten. Das Geschrei der Frau im Heck wurde immer schriller. Nur das kleine Mädchen vor mir lachte übers ganze Gesicht. Ich blickte mich nach meiner Mutter um, die dort mit bleichem Gesicht saß und vor sich hinstarrte. Ob ich genauso blaß aussah? Und warum sagte

denn der Pilot nichts? Viele drückten auf die „Stewardessrufknöpfe" über ihren Köpfen. Niemand kam. Ich erwartete jeden Augenblick, draußen den Piloten mit Fallschirm vorbeifliegen zu sehen.
Erst später begriff ich, daß es auch gar nicht möglich war, in der Maschine zu gehen, da sie zu stark rüttelte und wackelte. Was war denn los? War etwas passiert, daß der Pilot sich nicht melden konnte? Oder war es so schwierig, das Flugzeug zu halten? Warum rüttelte das Flugzeug überhaupt so? Im Heck war es jetzt still.
Plötzlich, ebenso schnell, wie es gekommen war, hörte das Schaukeln wieder auf. Die Maschine flog wieder ruhig. Die Leute beruhigten sich schnell. Überall setzte leises Gemurmel ein. Plötzlich stand eine Stewardess vorne neben den Toiletten.
„Meine Damen und Herren, wir haben soeben eine Schlechtwetterfront durchquert, die wir nicht vorausgesehen hatten. Bitte bleiben Sie auch weiterhin angeschnallt. Der Pilot kann leider nicht mit Ihnen sprechen, da die Verbindung zum Cockpit unterbrochen ist. Weitere Schäden sind nicht vorhanden, es besteht also keinerlei Gefahr."

Problemgeschichte

Aufgabe: a) Schreibe den Anfang einer Geschichte. Darin soll eine Figur in einen inneren Konflikt geraten. Führe die Entwicklung so weit, daß die Figur sich entscheiden muß, aber die Entscheidung noch offen ist.
Nun werden die Anfänge der ganzen Gruppe eingesammelt und gemischt. Jeder zieht dann einen Anfang, den er nicht geschrieben hat.
b) Beende den Text, den du gezogen hast.

Erläuterungen: Die Aufgabe ist schwieriger, als sie aussieht. Dem Schreiber muß klar sein, daß er in der ersten Runde ein Problem stellen, einen Konflikt aufbauen muß. Er muß dies umsichtig und evtl. auf Umwegen tun, jedenfalls sich Zeit lassen und nicht mit der Tür ins Haus fallen. Der Konflikt sollte kein äußerer sein (Streit, Auseinandersetzung, Kampf), sondern ein innerer, z. B. die Entscheidung zwischen zwei unvereinbaren Wünschen oder unvereinbaren Geboten (etwa Gehorsam und Gewissen).
Um den Teilnehmern die Aufgabe zu verdeutlichen, sollte sie ausführlich mit ihnen vorbesprochen und ein Beispiel vorgelesen werden.
Es liegt nahe und fördert die Qualität der Texte, daß der Schreiber eine Konfliktsituation wählt, die er selbst kennt, in der er womöglich jüngst war oder sich noch befindet. (Dadurch kommen persönliche Konflikte zur Sprache: es ist nötig, in der Besprechung damit behutsam umzugehen. Im allgemeinen ist es besser, nur über den Text und die literarischen Figuren zu sprechen und nicht direkt über das Persönliche des Autors, das vermutlich dahinter steckt.)
Natürlich hat gerade in diesem Fall der Autor ein besonders großes Interesse an der Fortsetzung; denn er erfährt, wie ein anderer seine eigenen Probleme lösen und sich in seiner Situation verhalten würde.
Bei den Fortsetzungen kommt es darauf an, daß die Schreiber den Anfang sehr genau lesen und versuchen, sich hineinzudenken; nur so können sie ihm gerecht werden. Die Fortsetzungen müssen vor allem inhaltlich plausibel sein; darüber hinaus sollten sie sprachlich-stilistisch passen.
Wenn nicht die Möglichkeit besteht, die Texte im Plenum zu besprechen, sollten die Schreiber der Anfänge die Fortsetzungen lesen und kommentieren. (Da jeder „Fortsetzer“ auch „Anfänger“ ist, entsteht hier kein Organisationsproblem!)

Erfahrungen: Jüngere Schüler neigen zur Darstellung äußerer Konflikte, so daß Action-Stories statt Problemgeschichten entstehen. (Das zeigt, daß Normenkonflikte erst ab einer bestimmten seelischen Reife bewußt erlebt und damit darstellbar werden.)
Bisweilen lassen die Anfänge schon so deutlich eine Lösung erkennen, daß dem 2. Schreiber keine Wahl mehr bleibt.

Variante: Man kann auch – evtl. als Anschlußaufgabe – *einen* Anfang mehreren oder allen Teilnehmern zur Fortsetzung geben. Dabei setzt dann auch der, der den Anfang geschrieben hat, die Geschichte fort, und es ist spannend, wenn der Gruppe mehrere Fortsetzungen anonym vorgelesen werden und diejenige erraten werden soll, die vom Schreiber des Anfangs stammt.

Zeitbedarf: Aufgabenstellung (mit Vorlesen des Beispiels) 10–15 Min., Anfänge schreiben 20 Min., Verlosen 5 Min., Weiterschreiben 20 Min., Lesen und Besprechen pro Text ca. 10 Min.

Material: Text eines Erwachsenen als „Muster" für einen 1. Teil:

Adrian wachte plötzlich auf. Satzfetzen und Ausrufe der Mutter, laut und erregt gesprochen, drangen vom Flur her an sein Ohr. Telefonierte sie schon wieder mit dem Vermieter, diesem Halsabschneider, der die Miete wieder erhöhen wollte?

Da war auch wieder das scharfe Stechen in seinem Kopf, nur noch stärker als vor dem Einschlafen.

Meine Güte, kann sie denn nicht leiser sein, wenn sie schon so spät telefonieren muß?

Er wollte gerade vom Bett aus die Tür aufmachen und lautstark Ruhe verlangen, als die Stimme auf dem Flur noch erregter, noch lauter wurde.

„Was? Theo hier? Er wohnt bei Hubert? Hubert hat ihm doch wohl nicht gesagt, wo wir wohnen?"

Die Stimme wurde wieder gedämpfter. Adrian, nun hellwach, verstand nichts mehr. Dann plötzlich wieder ein lauter Satz, der ihn traf wie ein Stromschlag: „Das könnte diesem Schuft so passen! Nach vierzehn Jahren hier als der freigiebige Vater aufzukreuzen!"

Wie gelähmt lag Adrian im Bett, achtete nicht weiter auf die Stimme im Flur. Seine Gedanken überschlugen sich. Sein Vater, hier in dieser Stadt ... so greifbar nahe – dieser Schuft, der seine Mutter sitzengelassen, sich niemals um ihn, seinen Sohn, gekümmert hatte, sich sogar geweigert hatte, Unterhalt zu zahlen, dieser Drückeberger, dieser ... Seine Mutter hatte gelegentlich ähnlich von ihm gesprochen, immer mit so viel Verachtung in den Augen, daß Adrian nicht wagte, Fragen zu stellen. Er war jetzt also doch wiedergekommen, doch zurückgekommen aus Kanada. Kanada! Erinnerungen an Geschichten über Goldsucher, Abenteuer in Nordamerika flackerten auf. Seine Neugierde wuchs. Vielleicht war er Millionär, dieser Theo Markwald, sein Vater, wer weiß ...

Er wollte ihn sehen, einmal ansehen, diesen großen Unbekannten, ihn fragen und – ihm die Meinung sagen. Sich vierzehn Jahre lang nicht um ihn zu kümmern, kein Wort, kein Brief, nicht mal 'ne Postkarte, nichts! Morgen würde er zu seinem Onkel Hubert gehen. Er mußte sowieso noch einen alten Autoatlas vor dem Urlaub abholen; er würde hingehen, um IHN zufällig dort zu treffen, diesen Mann, seinen Vater.

Diese Gedanken ließen seinen Puls schneller gehen; der Druck im Kopf wurde fast unerträglich: Morgen würde er ihn zur Rede stellen! Nach vierzehn Jahren Einsamkeit und Warten war eine Abrechnung fällig.

(Schreiberwechsel)

Kitty (13) und Andrea (13): Problemgeschichte

Jonny fröstelte. Sie hockten hinter den ausladenden Ästen einer Tanne und beobachteten das Haus. Ängstlich blickte Jonny zu den erleuchteten Fenstern rüber.
„Wollen wir es nicht doch lieber lassen?" fragte er und blickte Danny unsicher an.
„Ach was, Kleiner. Das ist eine todsichere Sache. Der Alte geht um 22 Uhr ins Bett. Dann steigen wir ein."
Jonny schwieg. Er widersprach seinem Bruder nie. Er bewunderte ihn. Danny war sein Held. Er war mutig und hatte immer Zeit für Jonny.
Im Untergeschoß gingen jetzt die Lichter aus. Jonny begann zu schwitzen. Wenn nun doch etwas schiefging? Er schaute zu Danny hinüber. Er sah so sicher aus. Nein, wenn er dabei war, konnte nichts passieren. Jonny wurde ruhiger.
Auch im oberen Geschoß ging jetzt das letzte Licht aus.
„Komm!" Sie duckten sich und schlichen zum Haus hinüber.
Kurz darauf war das Fenster offen, und sie kletterten hinein.
Jonny sah sich um und stieß einen Schrei aus. An den Wänden hingen Geweihe und andere Jagdtrophäen. Die Dunkelheit und seine angespannten Nerven hatten ihm einen Streich gespielt. Danny hielt ihm den Mund zu: „Bist du wahnsinnig?! Du schreist ja alles zusammen." Jonny schämte sich. Er war ein Versager. „Nun komm schon. Weiter."
In diesem Moment flammte das Licht auf und eine dunkle Stimme fragte erstaunt: „Was geht denn hier vor?"
Dann ging alles furchtbar schnell. Danny wirbelte herum, es knallte laut, und der Mann sackte langsam in sich zusammen. Jonny starrte mit großen Augen auf den Revolver in Dannys Hand. Jonny wußte, der Mann war tot. Danny starrte fassungslos auf den Revolver und sah dann zu Jonny hinüber. Jonny wich an die Wand zurück. „Ich wollte es nicht. Bitte, Jonny, das mußt du mir glauben!"
Danny blickte Jonny hilflos an. Jonny erwachte aus seiner Erstarrung, kletterte hastig aus dem Fenster und rannte davon. Weg, nur weg. Hinter sich hörte er Danny rufen, aber er lief weiter. Zuhause schloß er seine Zimmertür ab und warf sich auf sein Bett. Danny hatte jemanden umgebracht. Sollte er zur Polizei gehen? Seinen Bruder, seinen Helden verraten? Oder sollte er sein Leben lang mit der Gewißheit leben, einen Mord gesehen zu haben und den Mörder zu kennen?
Ja, Danny war ein Mörder. Aber hatte es nicht gewollt, und er war sein Bruder. Sollte er ihn verraten?
(Schreiberwechsel)
"Jonny? Bist du es?" rief eine Stimme hinter der Tür. Wenn er jetzt seiner Mutter antwortete, würde sie merken, daß er geweint hatte. Also lieber gar nichts sagen und sich schlafend stellen. Er krabbelte, so wie er war, in sein Bett und schloß die Augen. Er hörte, wie seine Mutter versuchte, die Tür zu öffnen. Sie versuchte es mehrmals, doch dann ließ sie ab. Jonny hörte, wie ihre Schritte schwächer wurden, dann klappte eine Tür, und die Stille war wieder da. Jonny sah vor sich, wie der Mann tot umfiel. Und wieder, immer wieder sah er Danny mit dem Revolver in der Hand. Warum hatte er das getan, warum nur? Jonny hatte Angst, Angst, daß

alles herauskommen würde. Vielleicht würden er und Danny gehängt werden wie die Männer in dem Buch, das er gerade las. Wenn er jetzt nicht zur Polizei ginge, würden sie ihn dann mitschuldig machen? Er mußte zur Polizei gehen, das wußte er, denn sonst würde er ja auch gegen das Gesetz handeln. Leise stand Jonny auf, öffnete seine Tür und ging ins Wohnzimmer. Neben dem Schreibtisch stand das Telefon. Er hob den Hörer ab und wählte. Eine Stimme meldete sich: „Polizeirevier 14. Guten Abend! Was können wir für Sie tun? ... Hallo, bitte melden Sie sich! Hallo! ... Wer spricht da? ... Können wir Ihnen helfen? ... Hallo?" Doch Jonny antwortete nicht. Er starrte auf ein Photo an der Wand. Dort waren er und sein Bruder beim „Cowboy-und-Indianer"-Spielen abgebildet. Jonny war der Indianer, Danny der Cowboy. Doch was das Schlimmste war, Danny hielt in der Hand eine Spielzeugpistole. Leise legte Jonny auf. Nein, er konnte die Polizei nicht benachrichtigen. Danny war sein Bruder, sein einziger Bruder. Wenn Jonny jetzt zur Polizei gehen würde, hätte er keinen Bruder mehr. Nein, es mußte eine andere Lösung geben. Plötzlich hörte er, wie die Haustür klappte, Schritte kamen näher. Wer konnte das sein? War es Danny? Sicherheitshalber versteckte Jonny sich hinter dem Schreibtisch. In der Dunkelheit konnte er zwar nur Umrisse erkennen, doch er wußte, daß es Danny war. „Danny?", fragte Jonny zaghaft und stand auf. Danny guckte ihn gedankenverloren an. Er roch nach Zigarettenrauch und stank nach Alkohol. „Jonny ... ich ...", begann Danny. Doch er hörte auf und wies nur auf die zwei Polizisten, die plötzlich auftauchten. „Danny ... Sie haben dich geschnappt? Nein, Danny, nicht? Das ist nicht wahr, oder? Sag mir, daß es nicht wahr ist! Sag es mir!" Weinend brach Jonny zusammen. Behutsam hob Danny ihn auf und sagte: „Doch, es ist wahr. Sie haben mich vor dem Haus gefunden. Du mußt ... jetzt tapfer sein. Bitte, Jonny, hör auf zu weinen!" Doch Jonny hörte nicht auf. Sein Held, sein Danny, sein Bruder war gefangen.

Stille Post

Aufgabe: Jeder Schüler schreibt einen kurzen Text (Prosa oder Lyrik) und versieht ihn mit einem Codewort. Alle Texte werden in die Mitte gelegt. Nun nimmt sich jeder einen fremden Text und schreibt einen „Folgetext“ (z. B. eine veränderte Fassung) dazu. Diesen versieht er mit demselben Codewort und einer „2“. Er legt ihn wieder in die Mitte, ins „Postfach“. Den ersten Text behält er. Daraufhin nimmt ein Nächster diesen zweiten Text, schreibt einen weiteren „Folgetext“ mit dem Codewort und einer „3“ und behält den 2. Text ein. Usw.

Erläuterungen: Die Aufgabe verlangt einerseits genaue Textrezeption, andererseits Phantasie beim Schreiben des Folgetextes: Man muß sich immer wieder auf andere Texte einstellen und kreativ darauf reagieren. Es ist jede Form der Reaktion möglich (zustimmend, kritisch, ironisch usw.), aber der Folgetext sollte doch in erkennbarer Weise von seinem Vorgänger angestoßen sein, und möglichst sollte er auch eine brauchbare „Vorlage“ für den nächsten Schreiber sein. Um den Einstieg in den Ersttext zu erleichtern, kann ein sinnleitendes Rahmenthema (etwa „Abschied“) vereinbart werden.

Erfahrungen: Die Aufgabe läuft besonders gut mit versierteren Schreibern, da der erste Text „aus dem hohlen Bauch“ geschrieben werden muß und dann eine Fülle von Texten in recht kurzer Zeit entsteht. Es sollten nicht mehr als zwölf Teilnehmer sein (jeder muß dann zwölf Texte schreiben!).

Nach anfänglichen Startschwierigkeiten (einer ist mit dem Ersttext schon fertig und wartet verzweifelt auf einen zweiten Text, an den er anschließen kann) gewinnt die „Stille Post“ eine beachtliche Eigendynamik. Denn ist die Hürde des Ersttextes einmal übersprungen, reizen die im „Postfach“ vorgefundenen Texte zur Überarbeitung, zum Perspektivwechsel, zu Parodie oder Umsetzung in ein anderes Genre.

Die Besprechung der einzelnen Stücke einer Textfolge zum jeweiligen Codewort kann die Veränderungen herausarbeiten. Reizvoll ist auch, einmal den ersten und dann gleich den letzten Text einer Kette zu hören, um zu mutmaßen, wie es zu den Veränderungen gekommen ist.

Eine Textkette sollte mindestens drei Stationen haben, um als interessant empfunden zu werden.

Zeitbedarf: Die Schreibphase sollte 1 bis 1½ Stunden dauern. Das Vorlesen der Textfolgen dauert, je nach Anzahl der beteiligten Schüler und der Texte, noch einmal die gleiche Zeit.

Anmerkung: Die Idee zu dieser Aufgabe verdanken wir Roland Kunkel (Segeberger Kreis).

Beispiel: Saskia (16): Gubbi I

Sie blickte hinunter. Es war ein langer Weg. Nun, es mußte sein. Vorsichtig begann sie, sich abzuseilen. Mit ihren zartgliedrigen Beinen hielt sie die Balance. Die rauhe Fläche, von der sie gekommen war, konnte sie schon nicht mehr sehen. Ihre Hoffnung, dort unten mehr zu finden, wuchs mit jeder Sekunde, die sie weiterglitt.
Sie spürte den Luftzug schon von weitem. Dieser Luftzug war gefährlich. Plötzlich drückte sie etwas gegen die Steilwand. Ihr wurde schwarz vor Augen.
„Magda, Du kannst wieder vorkommen", meinte der Mann. Er trat zum Fenster mit der Zeitung in der Hand, öffnete es und ließ die tote Spinne hinunterfallen.

Michael (16): Gubbi II

Es war sehr heiß. Verdammt heiß! Schweißtropfen liefen ihm von der Stirn über die Augen. Der salzige Schweiß brannte in seinen Augen. Er zuckte mit den Wimpern. Aber er durfte sich nicht bewegen, auf keinen Fall! Regungslos lag er da. Sein linkes Bein fing an, einzuschlafen. Das Kribbeln wurde zur Qual. Er spürte es auch auf seinem Arm. Und dieses Kribbeln war schlimmer. Es bewegte sich langsam, Stück für Stück, vom Unterarm über das Ellenbogengelenk bis zum Oberarm. Er wußte, er durfte sich unter keinen Umständen bewegen. Jetzt spürte er das Kribbeln auf seiner Schulter. Er kniff die Augen zusammen.
Hinter sich hörte er die beruhigende Stimme eines Mannes: „Bleib ruhig, gleich habe ich sie!"
Dann ging alles sehr schnell. War das eben ein Schlag auf seiner Schulter? Er verkrampfte sich. „Es ist alles in Ordnung!", hörte er hinter sich die Stimme sagen. Er blickte nach unten. Die Tarantel lag regungslos auf dem Boden.

Sonja (15): Gubbi III

Ein langes Bein, noch eines – insgesamt acht – sie zuckten noch ein bißchen; das Leben der Tarantel war noch nicht ganz ausgehaucht. Erleichtert stand er auf. Als Spinnenforscher wußte er, daß sie ihm nichts getan hätte, aber zum ersten Mal in seinem Leben war er in Panik geraten. Es mußte diese mörderische Hitze gewesen sein.
Das schöne Tier. Es war ein besonders großes Exemplar seiner Gattung, und man hätte interessante Experimente mit ihm anstellen können. Leichte Ekelgefühle stiegen in ihm auf, als er das gekrümmte Wesen vor sich im Sand liegen sah, aus dem langsam das Plasma sickerte. Sein Assistent reichte ihm eine Wasserflasche, die er dankbar entgegennahm. Er setzte sich in den warmen Sand und nahm sich vor, nie wieder seine Beherrschung zu verlieren.
Plötzlich rief sein Assistent: „Vorsicht!", und er drehte sich herum. Er sah die Tarantel bei seinem Fuß und spürte den Einstich.
Es ist wirklich ein besonders großes und schönes Exemplar, dachte er noch.

Johannes (16): Gubbi IV

Noch immer sah er die Tarantel vor sich. Groß, gefährlich. Selbst er, ein angesehener Spinnenforscher, war in Panik geraten. Sie war sehr groß

gewesen, ein besonders schönes Exemplar. Man hätte eine Menge damit anstellen können.
Dann plagten ihn wieder Alpträume. Durch einen Schleier sah er die Gesichter. Seine Freunde. Dann wieder Löwen, Teufel, Farben. Und Spinnen – viele Spinnen. Er hatte sie in letzter Minute töten können. Fast hätte sie ihn gestochen. Dann hatte er sich erleichtert hingesetzt. Figuren, symmetrische –
Sein Assistent hatte ihm die Wasserflasche –
Es ist groß, es springt auf mich! –
Ja, er hatte sie ihm gegeben –
Ein Meer aus Farben und Gesichtern, die Meere –
Dann hörte er „Achtung" –
Der Tod, hallende Echos, Echohallen –
Es war eine noch größere, eine noch schönere Tarantel gewesen. Was hätte man für schöne Experimente mit ihr machen ...

Clea (15): Gubbi V

Durch einen Schleier sah er die Gesichter. Seine Freunde. Dann wieder Spritzen, Teufel, Farben. Und Blut, viel Blut. Dann spürte er keinen Schmerz mehr, hörte Musik, sah eine bunte Blumenwiese ...

Lehrer: Gubbi VI

Der Teufel: spritzt Farben und Blut, spritzt Schleier auf Gesichter – bunte Blumenwiesen. Sieht seine Freunde, spürt den Schmerz, spritzt blutrote Teufel auf verschleierte Gesichter; ein weißes Tuch fällt herab auf ihn: Herrentoilette MacDonald, Reeperbahn, Spritze stak noch im Arm, drumherum die üblichen Utensilien ...

Kl. 8_2 → 02103
Kl. 9_3 → 02103
Kl. 8_3 → 05106

Gestörte Erzählung

Aufgabe: Zwei Personen brechen zu einer gemeinsamen Reise auf. Du kannst festlegen, wie alt sie sind und in welcher Beziehung sie zueinander stehen (z. B. Freunde, Verwandte). Du kannst auch bestimmen, wo die Geschichte spielt, wohin sie reisen und womit.
In gewissen Abständen erhältst du Informationen, die du möglichst bald in deiner Geschichte unterbringen mußt – aber so, daß der Leser nicht merkt, daß dir diese Informationen gegeben wurden. Vielmehr soll die Geschichte so klingen, als hättest du sie dir ganz allein ausgedacht.

Erläuterung: Das Thema – zwei Personen machen eine Reise – ist leicht zu bewältigen, weil es der Phantasie viel Raum läßt und jedem Schüler rasch etwas einfällt. Um so schwerer aber ist es, die erhaltenen Informationen sinnvoll einzubauen.
Bei dieser Aufgabe soll gelernt werden, mit einer Schreibschwierigkeit umzugehen: Was macht man, wenn sich die Einfälle nicht zusammenfügen? Der rote Faden, der bei guten Schreibern alle Einzelheiten verbindet, wird hier absichtlich mehrfach durchschnitten und muß bewußt wieder geknüpft werden; damit wird das Problem des Zusammenhangs thematisch.

Erfahrungen: Es sollten mindestens 10 Min. zwischen den einzelnen Informationen liegen; sonst gibt es einen unerwünschten Stau: Da hat jemand die eine Information noch nicht verarbeitet, und schon kommt die nächste. Da nun länger vorausgeblickt werden kann, geht das Moment der Überraschung verloren.
Manche Schüler verfolgen keinen eigenen Erzählplan, sondern warten die Informationen ab und entnehmen ihnen den gesamten Inhalt der Geschichte. Dies läßt sich durch längere Zeitabstände verhindern; eventuell muß vor Beginn des Schreibens zur stichworthaften Festlegung eines Erzählplans aufgefordert werden.
Je abstruser die Informationen sind, die verarbeitet werden müssen, desto klamaukhafter und absurder werden die Geschichten.
Es gibt die unterschiedlichsten Möglichkeiten, sich aus der Affäre zu ziehen. Z. B. verwendete ein Schüler die Information „ein Brief bringt Verwirrung ..." in der Weise, daß sich ein Herr vorstellte: „Gestatten, mein Name ist Brief!"

Zeitbedarf: Aufgabenstellung und Schreiben der Geschichten 45–60 Min. Vorlesen und Besprechen je Text etwa 5 Min.

Beispiele: In einer Gruppe mit Fünfzehn- bis Sechzehnjährigen wurden folgende „Störungen" gegeben:

1. Eine Kabarettbühne wird eröffnet.
2. Sie erwidert seinen Kuß.
3. Ein Brief bringt Verwirrung und ein rätselhaftes Zusammentreffen.
4. Abführ- und Schlaftabletten werden verwechselt.

5. Die Erklärung für den Tod des Reisegefährten überzeugt den Beamten von der Wasserschutzpolizei nicht.
6. Ein Autor begegnet seiner Hauptperson.

In einer Gruppe mit Dreizehnjährigen wurden folgende „Störungen" gegeben:

1. Ein Gewitter führt zu einer Unterbrechung.
2. Ein Haar wird in der Suppe gefunden.
3. Ein aus dem Zoo ausgebrochener Elefant sorgt für Unruhe.
4. Eine schlechte Nachricht von zu Hause kommt an.
5. Ein Polizist verhaftet eine Hauptfigur.
6. Ein Stromausfall verdunkelt alles.
7. Ein Pastor gibt seinen Segen.

Mit diesen Störungen schrieb Matthias (13) folgende Geschichte:

Ein verpatzter Flug

Es ist Sonntagabend. Thorben, mein Freund, und ich befinden uns gerade auf dem Flughafen in Hamburg. Wir haben zum Teil unser Taschengeld zusammengespart und wollen für drei Wochen nach Amerika fliegen, sozusagen als Abenteuerurlaub. Unsere Eltern wissen natürlich nichts von unserem Plan.

Thorben und ich haben uns heute abend getroffen und sind dann gleich mit der U-Bahn zum Flughafen gefahren. Das erste Problem war, daß ich meinen Paß vergessen hatte. Also sind wir nochmal zurückgefahren. Meine Eltern waren noch nicht wiedergekommen. Sie waren zu einer Party gefahren und wollten erst spät abends zurückkommen. Thorben war zu mir gekommen unter dem Vorwand, er wolle bei mir schlafen. Also gut.

Es ist jetzt Viertel vor Zehn. Das Flugzeug sollte um Viertel nach 11 starten. Allmählich werde ich unruhig; denn der Flug hat sich um eine Stunde verspätet.

Wenn meine Eltern zurückkommen, werden sie den Zettel finden, auf dem ich erklärt habe, wann wir fliegen. Doch ich habe den Zettel so versteckt, daß sie ihn wahrscheinlich erst morgen finden werden.

Endlich ist es soweit. Unser Flug ist aufgerufen worden.

Bis jetzt ist noch alles gut gegangen. Gerade steigen wir ins Flugzeug ein.

„So, bitte schnallen Sie sich jetzt an. Wir starten in wenigen Minuten", erklärt eine Stewardess.

Die Türen schließen sich. Die Motoren springen an. Endlich, erleichtert, seufze ich auf.

„Achtung, Achtung, hier spricht der Pilot. Wir haben eine wichtige Durchsage. Wegen eines starken Gewitters können wir leider noch nicht starten. Bitte gehen Sie zum Flughafengebäude, Wartehalle Number one zurück. Wir werden Sie sobald wie möglich über den Weiterflug informieren. Ende der Durchsage."

„Oh nein! Auch das noch!"

„So, Thorben. Jetzt sitzen wir wieder hier."

„Ja, kann ich denn was dafür?"

Plötzlich wird Thorben blaß.

„Was ist denn los?"

„Guck mal, da vorne!"
„Ja, was ist denn da?"
„Da stehen deine Eltern!"
„Schnell, wir müssen uns verstecken."
„Die sind uns jetzt ein Haar in der Suppe!"
„Wenn die uns erwischen, gibt's eine Menge Ärger."
„Und der Flug ist gestrichen!"
Doch in dem Moment ertönt eine Stimme aus dem Lautsprecher: „Der Flug Air Lines number five wird in 10 Minuten starten. Wir bitten unsere Fluggäste, sich sofort in das Flugzeug zu begeben."
Geduckt schleichen wir durch die Wartehalle und über das Rollfeld zum Flugzeug. Ich höre noch beim Einsteigen eine Stimme: „Meine Damen und Herren! Wir haben eine wichtige Suchmeldung. Vermißt werden zwei dreizehnjährige Jungen, die wahrscheinlich auf dem Weg nach Amerika sind. Sie sind beklei ..."
Es wird still. Die Tür schlägt zu. Motoren heulen auf. Zitternd sitzen wir auf unserem Sitz und stieren aus dem Fenster. Das Flugzeug rollt an. Vor uns erscheinen die Lichter der Startbahn. Wir werden schneller. Plötzlich gibt es einen Ruck. Bremsen kreischen. Der Sicherheitsgurt schneidet mir in den Bauch. Das Flugzeug schlingert. Scheinwerfer blitzen auf. Da sehe ich vor dem ausrollenden Flugzeug mitten auf der Startbahn einen Elefanten mit hocherhobenem Rüssel stehen.
Die Passagiere kreischen. „Ladies and gentlemen! Es besteht kein Grund zur Aufregung. Vor uns auf der Startbahn steht nur ein Elefant. Er ist aus einem Zoo ausgebrochen und absolut friedfertig. Die Feuerwehr ist schon alarmiert. Wir werden den Flug sofort weiter fortsetzen."
„Oh Gott, Thorben, guck mal!"
Der Elefant kommt mit riesigen Sprüngen angerannt. Mit dem Rüssel schlägt er immer wieder gegen das Flugzeug. „Er ist ja so friedfertig."
Auf einmal wird die Tür geöffnet, und drei uniformierte Polizisten steigen ein. „Wir entschuldigen uns für diese Störung, aber wir vermuten, daß sich in diesem Flugzeug zwei Jungen befinden, die von zu Hause ausgerissen sind. Wir sind verpflichtet, eine Durchsuchung vorzunehmen." Da mischt sich eine alte Dame ein: „In diesem Flugzeug sind die nicht, das hätte ich schon längst bemerkt. Hoffentlich bekommen die Buben zu Hause nicht so viel Ärger!" Der Polizist grinst: „Da habe ich aber eine schlechte Nachricht von zu Hause an die ‚armen Buben', sie werden nämlich ganz schönen Ärger bekommen, weil sie sich das Haushaltsgeld genommen haben, um damit den Flug zu bezahlen."
Langsam geht der Polizist durch die Sitzreihen. Immer näher und näher kommt er. Mir ist ganz kalt. Im letzten Moment ducke ich mich und schmeiße meine Jacke und die Koffer über mich. Da höre ich auch schon die Stimme des Polizisten: „Ah, ja, da haben wir ja den einen Ausreißer!"
Oh je, denke ich, jetzt hat er Thorben geschnappt.
„Wo ist der andere?"
„Das weiß ich nicht", höre ich Thorben sagen.
„Na, das finden wir schon noch heraus. Du kommst jetzt erstmal mit. Du bist verhaftet."
Die Schritte entfernen sich. Ich höre die Tür zuschlagen. Ich kann doch

nicht alleine nach Amerika! Käsebleich richte ich mich auf. Die alte Frau meckert: „Hab ich's doch gleich gesagt, daß dieser böse Bube hier im Flugzeug steckt. Tz, tz, tz."
Verzweifelt schaue ich Thorben nach. In diesem Moment startet das Flugzeug. Es steigt höher und höher. Der Flughafen ist nur noch als kleiner Punkt zu erkennen. Eine junge Frau flüstert: „Gucken Sie mal, da drüben, ob das einer der entflohenen Jungen ist?"
Mehrere Leute drehen sich zu mir um. Siedendheiß schießt es mir durch den Kopf: Gleich werden sie mich erkennen, und dann ist alles aus. Da flackert das Licht und erlischt plötzlich. Es ist stockdunkel. Vielfaches Gebrüll geht los: „Hilfe, wir sterben!"
„Ich bitte um Ruhe, es handelt sich nur um einen Stromausfall, der in wenigen Minuten wieder behoben sein wird."
Was für ein Glück, denke ich. Bei der Dunkelheit kann mich keiner mehr sehen, und danach werden sie nicht mehr daran denken.
Langsam beruhige ich mich wieder. Das Flugzeug macht jetzt einen scharfen Ruck. Es ist völlig still. Die Passagiere beginnen wieder zu kreischen. Ängstlich drücke ich mich in die Ecke. Auch der Pilot kann die Menschen nicht mehr beruhigen. Auf einmal vernimmt man eine laute Stimme: „Liebe Gemeinde, ich bin Pastor! Da wir nun alle miteinander sterben müssen, faltet eure Hände und betet mit mir zusammen. Ich spreche meinen Segen über euch. ‚Vater ver ...'"
Das Licht flackert und geht wieder an. Die Leute atmen auf. Ich schaue verängstigt aus dem Fenster, doch mir stockt der Atem.
„Hier spricht der Pilot: Meine Damen und Herren, wir sind während des Stromausfalls wieder auf dem Hamburger Flughafen gelandet."
Der Pastor wird knallrot.
„Wir bitten Sie jetzt, das Flugzeug zu verlassen, wir werden den Flug auf Morgen verschieben."
Die Tür geht auf. Ich höre schon gar nicht mehr zu, ich rase über das Rollfeld – direkt meinem Vater in die Arme.

Valeska (13) verarbeitete dieselben „Störungen" in ihrer Geschichte so:
Oma und Opa Metzler hatten sich entschlossen, endlich wieder einmal auf ihre geliebte Insel Helgoland zu fahren.
Oma Metzler packte die Koffer, und wenige Stunden später machten sie sich auf den Weg; ein großer Picknickkorb war auch mit von der Partie.
Opa Metzler kaufte am Bahnsteig die Fahrkarten für den Zug nach Cuxhaven.
Der Zug rollte heran.
Mühsam schleppten die beiden alten Leute ihr Gepäck in die Bahn und setzten sich geschafft in ein Abteil. Sie zogen die Sitze aus, um sich ein wenig auszuruhen.
Tiefe Schnarchtöne des Opas Metzler störten den ruhigen Schlaf der Oma Metzler. Also weckte sie ihren langjährigen Ehemann Hugo Metzler auf: „Hugo! Hörst du jetzt auf zu schnarchen, Hugo!"
Der langjährige Ehemann der Erna Metzler erwachte aus seinen süßen Träumen und fragte: „Erna, ist dir eingefallen, daß du mein Haarwuchsmittel vergessen hast?"

„Nein, Hugo, du hast gesch ..."
Poing!
Erschrocken stürzte sich Erna auf Hugo. „Hugo, was war das?"
„Ach, Erna, das war wohl nur ein Blitz!"
Jäh unterbrach ihn eine Stimme aus dem Lautsprecher: „Meine Damen und Herren, es tut mir leid, aber die Gleise direkt vor Cuxhaven sind leider durch einen Blitzschlag beschädigt worden. Daher müssen wir Sie bitten, etwas Geduld zu haben, da wir momentan nicht weiterfahren können."
„Du, Hugo", sagte Erna erschrocken, „dann fährt das Schiff ohne uns ab!"
„So, mein Täubchen", meinte Hugo, „dat Ship wird nicht ohne uns abfahren. Notfalls laufen wir eben das letzte Stück."
„Aber Hugo, das Gepäck!" warf Erna ein.
„Das Gepäck ist mir vollkommen egal. Du nimmst den Eßkorb, ich den Koffer und" – da fällt Hugo etwas ein. „Vielleicht müssen wir ja gar nicht zu Fuß gehen."
„Mensch Hugo, ich glaube, wir gehen erstmal 'ne Suppe essen! Das strengt die Nerven nicht so sehr an."
Opa und Oma Metzler gingen gemächlich den Zuggang in Richtung Speisewagen entlang. Dort angekommen, bestellten sie sich beide eine schöne Hühnerbrühe.
Als die Suppe gebracht worden war, griff Oma Metzler nach ihrem Löffel und fing an zu essen. Plötzlich schrie ihr langjähriger Ehemann:
„Erna, paß auf, du hast soeben ein Haar, das in der Suppe war, in den Mund genommen. Mach deinen Mund auf, ich hol's dir wieder raus."
Hugo holte eine uralte Pinzette aus der Hosentasche und fingerte in Ernas Mund herum. Plötzlich: „Erna, ich hab's, ich hab's. So, geh' langsam zurück. In Ordnung, ist draußen."
Da ertönte eine Stimme aus dem Radio: „Achtung, Achtung, durch das starke Unwetter gelang es einem Elefanten, aus dem Zoo Muifu zu entweichen. Das Tier ist nicht gefährlich. Wir kommen jetzt zu seiner Personenbeschreibung: Das gesuchte Objekt hat große Ohren, ist etwa 2½–3 Meter groß, hat schwarze Augen, Schuhgröße 40 cm und hat einen langen Rüssel."
Das Radio wiederholte die Meldung etliche Male. Erna wurde weiß und sagte: „Nee, Hugo, jetzt gehe ich nicht mehr zu Fuß."
Hugo sagte: „Doch, Erna, denn wir müssen das Schiff erwischen."
Als Erna und Hugo wieder in ihrem Abteil waren, schrie Erna: „Der Freßkorb, Hugo, der Freßkorb! Der blöde Elefant muß seinen Rüssel durch das Fenster gesteckt und unser Essen aufgefressen haben. Hugo? Hugo!"
„Erna, schnapp dir das Gepäck, wir werden die Bestie jagen. Es geht los: Links, rechts, links, rechts. Kehrt um, Marsch!"
Leise wandte Erna ein: „Du, Hugo, der Elefant ist bestimmt aufs Schiff gegangen. Der weiß ja, wo wir hinwollen."
„Aber natürlich, Erna, das wußte ich doch schon. Wir gehen in Richtung Schiff."
Nach 15 Minuten – zwei Minuten vor Abfahrt des Schiffes – kamen Oma und Opa Metzler am Schiff an. Opa Metzler sagte zu seiner Frau: „Geh du

schon mal aufs Deck, ich ruf nochmal kurz zu Hause an, ob alles Roger ist."
040572163. „Hallo! Ja, Tina, hier spricht der Opa. Na, wie geht's? Was, dein Hase hat gefiept? Nein! Er ist rot? Hä? Er ist tot, tot, ach so. Wenn sonst nichts ist! Ja, grüß man alle schön. Mensch, hör auf zu heulen! Tschüs!"
Als auch der langjährige Ehemann der langjährigen Ehefrau an Bord erschienen war, fragte Erna: „Na, ist alles in Ordnung?"
„Natürlich, nur der Hase von Tina ist tot, Erna."
„Ach, Hugo, ist er wirklich tot? Der arme Hase!"
„Na komm, Erna, gehn wir in die Bar und trinken was!"
Auf dem Weg zur Bar erklang ein markerschütternder Trompetenton.
„Du, Hugo, der Elefant!"
„Erna, bilde dir jetzt bloß nichts ein. Wir spülen deine Gedanken mit etwas Whisky herunter!"
„Halt, stehenbleiben, hier spricht die Polizei! Der Herr, der da eben etwas von ‚Whisky' sagte, ist verhaftet! Nehmen Sie ihre Hände über den Kopf und folgen Sie mir unauffällig!"
„Hugo, was hast Du denn angestellt? Herr Polizist, da muß ein Irrtum vorliegen!"
„Gute Frau, Ihr Mann ist wegen versuchten Trinkmordes verhaftet!"
„Und wie kriege ich ihn wieder frei? Warten Sie mal bitte einen Augenblick. Ja, mein Herr, für 20 DM lassen Sie ihn mir doch bestimmt da?"
Die Stimme des Polizisten unterbrach sie: „Frau Metzler, Ihr Mann hat nur eine Chance, er muß fliehen!"
Plötzlich ging das Licht aus. Niemand sagte irgend etwas. Man hörte nur einen Schlag, dann ein „Aua", und dann leises Flüstern:
„Erna, wir müssen verschwinden. Bis der wieder aufwacht, müssen wir uns versteckt haben. Gib mir deine Perücke, dann erkennt mich keiner. Geh du in der Zeit, in der ich mich verkleide, nach unten und frag, ob du wegen des Stromausfalls was helfen kannst!"
„Mach ich, Hugo, aber vergiß nicht, den BH mußt du mit Watte ausstopfen, und ziehe das lange grüne Kleid an, das blaue will ich selber anziehen."
Mit diesen Worten wanderte die Oma nach unten.
Als die Oma wieder nach oben kam, sagte sie: „Du, Hugo, ob du's glaubst oder nicht, ich hab einen Pastor engagiert, der eine Messe für den verstorbenen Hasen hält. Hugo, hörst du mir überhaupt zu?"
„Madame, es könnte sein, daß Sie mich aus meinem vorigen Leben kennen, aber jetzt heiße ich ‚Elfriede'."
„Na gut, Elfriede, der Pastor fängt gleich an."
Auf dem Deck sagte der Pastor gerade: „Und so gebe ich dem ehrenvollen Hasen seinen letzten Segen, ‚im Namen des Vaters und des Heiligen Geistes, Amen'."
Gerührt fielen sich Erna und Hu-Elfriede in die Arme. Eine Stimme sagte: „Und soeben erreichen wir Helgoland. Der Elefant wird schwerbewacht an Land gebracht. Danach können auch Sie aussteigen, es besteht keine Lebensgefahr mehr."

Bestellter Text

Aufgabe: Jeder Schüler denkt sich eine Überschrift für einen Text aus, den er schreiben würde/möchte/könnte, und schreibt sie oben auf ein Blatt Papier. Die Blätter werden eingesammelt und verlost. Jetzt hat also jeder Schüler die Überschrift eines anderen Schülers; und dazu muß er nun einen Text schreiben.

Erläuterungen: Diese Aufgabe variiert das bekannte Schreiben nach Thema. Sie verlangt Beweglichkeit im Sich-einstellen auf die Vorgabe. Da es sich bei den „Themen" eigentlich um Überschriften handelt, müssen die Schreiber sich die erwartungsweckende Funktion, die die Überschrift für den Leser hat, klarmachen.
Es empfiehlt sich, ein Rahmenthema zu geben bzw. zu vereinbaren, denn dadurch wird die Phantasie auf den Weg gebracht (den Teilnehmern fallen leichter Überschriften ein), und die Texte sind einander inhaltlich näher.

Erfahrungen: Da ein Mitschüler das Thema gestellt hat, entsteht weniger Widerstand dagegen, auch wenn dem Schreiber zunächst nichts einfällt („blödes Thema!"). Es ist ja ein Ansporn, daß offenbar ein anderer Anwesender dies für eine interessante Überschrift hält. Neben dem Inhaltlichen spielt also die Beziehung zu dem „Auftraggeber" – den man meistens nicht kennt, allenfalls errät – eine Rolle. Motivierend ist, wenn nach dem Vorlesen des Textes geraten wird, von wem der Auftrag stammte. Und natürlich nimmt der Auftraggeber dann Stellung: Hatte er sich die Sache so vorgestellt, oder wie sonst?

Zeitbedarf: Aufgabenstellung 2 Min., Finden und Verlosen der Überschriften 3 Min., Schreiben 30–45 Min., Vorlesen und Besprechen etwa 4 Min. pro Schüler.

Beispiel: Vereinbart war das Rahmenthema „Abschied".

Johannes (14): Ein ganz normaler Tag
Der Wecker schrillte. Stöhnend rollte er sich auf den Bauch und blinzelte schlaftrunken nach dem Ziffernblatt. Viertel vor Sieben. In einer Viertelstunde Arbeitsbeginn. Eine Weile blieb er liegen, unschlüssig, ob er aufstehen sollte oder sich krankmelden. Er entschied sich aber schließlich doch für das erstere, schlug die Decke zurück und stand auf. Er wankte ins Badezimmer, ließ den Wasserhahn eiskalt laufen, fuhr sich einmal durchs zerzauste Haar und steckte dann den erhitzten Kopf ins kühle Naß. Eine Weile verharrte er so, dann tauchte er auf und besah sich mit verklärtem Blick im Spiegel. Was für ein Tag! Triefend ging er in die Küche, stellte die Kaffeemaschine an, zog schnell seine Sachen über. Er trank die Tasse Kaffee im Eiltempo aus – schwarz, drei Löffel Zucker. Draußen erwartete ihn ein grauer, regnerischer Morgen. Ein ganz normaler Tag. Mit dem Aktenkoffer unterm Arm ging er im Laufschritt zu seinem Auto, schloß auf, setzte sich hinein und fuhr los.

Zehn vor Acht. Er betrat sein Büro, nahm den unscheinbaren weißen Umschlag, der auf seinem Schreibtisch lag, verabschiedete sich von seiner Sekretärin.
Er verließ das Gebäude wieder, schloß sein Auto auf und wollte gerade einsteigen; dann sah es so aus, als hätte er etwas vergessen, er ging die zwei Schritte zum Mülleimer und warf die Kündigung hinein. Dann setzte er sich hinters Lenkrad und fuhr nach Hause.

Clea (14): Zurück nach Landderkin

Nach zwanzig Jahren wieder nach Hause.
Was lasse ich hier zurück?
Ein paar „gute" Freunde, die sich um Zigaretten streiten
und wegen guter Führung entlassen werden wollen.
Eine Pritsche und einen zu kleinen Schrank
für den nächsten Gast dieser Herberge.
Die kahle Stadt,
in der ich mich nicht mehr zurechtfinde.
Hier hält mich nichts.
Ich dachte, ich kann nie mehr zurück,
aber ich kann.

Das Tor öffnet sich.
Das Tor zur Freiheit.
Die grauen, kalten Mauern hinter mir. Von dort kommt keine Stütze,
kein Trost.
Wieder allein, ohne Hilfe.
Wie vor zwanzig Jahren,
als alles begann.
Diesmal werde ich es anders machen.
In der Stadt bin ich ohne wahre Freunde.
Das weiß ich jetzt.
Zwanzig Jahre hat mich dieser Irrtum gekostet.
Die alte Kellerwohnung ist nicht mein Zuhause.
Mein Heim liegt zwischen sanften Hügeln,
neben dem kleinen Fluß
in der abgebrannten Mühle.
Nach zwanzig Jahren wieder nach Hause.
Dorthin, wo ich als Kind spielte.
Grüne Wiesen, viele Vögel.
Raus aus der Stadt des Verbrechens,
Zurück, zurück nach Landderkin.

(Erläuterung: „Landderkin" ist – silbenweise von hinten gelesen – „Kinderland". Clea hat dies, sagte sie, nicht bemerkt.)

Geschichte in Stücken

Aufgabe: Eine kurze Geschichte wird in mehrere Stücke zerschnitten: Die Überschrift, der 1. Absatz, der 2. Absatz usw. Für jeden Schüler liegt ein Umschlag mit allen Teilen der Geschichte – außer dem Schluß – bereit, wird ihm aber nicht ausgehändigt.
Jeder Schüler kann so viel an Vorgaben haben, wie er will: Entweder nur die Überschrift oder auch noch den 1. Abschnitt oder zusätzlich auch noch den 2. Abschnitt usw.

Erläuterung: Die Aufgabe eignet sich besonders für Gruppen, in denen Schüler mit sehr unterschiedlichem Leistungsvermögen sind. Phantasievolle, produktive Schüler können sich nämlich mit der Überschrift zufrieden geben, weniger einfallsreiche Schüler können sich alle Teile bis auf den Schluß geben lassen. Die Aufgabe enthält also als Extreme die Aufgabe „Bestellte Texte“ einerseits und das bekannte Finden eines Schlusses andererseits in sich.
Die Entscheidung der Schüler, ob sie noch weitere Stücke haben wollen, hängt davon ab, ob sie mit dem, was sie haben, schon genug anfangen können. Das ist natürlich individuell verschieden.

Erfahrungen: Die Schüler verlangten oft nur die Überschrift, bisweilen noch den 1. Absatz, ganz selten auch den 2. Mehr wollte bisher kein Schüler haben. Natürlich entstehen auf diese Weise recht unterschiedliche Geschichten. Gespannt sind die Schüler auf das Original.
Die Geschichte „Nicht alles gefallen lassen“ (vgl. Material) kannten immer schon einige der Siebtkläßler. Das hinderte sie aber nicht, ihrer Phantasie freien Lauf zu lassen.

Variante: Die Schüler erhalten die Stücke nicht sukzessive, sondern auf einmal. Sie müssen also angeben, wie viele Stücke sie haben wollen – nur die Überschrift? Oder 2 oder 3 oder mehr Stücke? Es zeigt sich dann ihr Selbstvertrauen, und möglicherweise stellt sich auch heraus, welche Erfahrungen sie mit solchen Aufgaben gemacht haben.

Zeitbedarf: Aufgabenstellung mit Materialverteilen 5 Min., Schreiben 40 Min., Vorlesen und Besprechen pro Schüler 3–4 Min.

Material: Gerhard Zwerenz:

Nicht alles gefallen lassen

Wir wohnten im dritten Stock mitten in der Stadt und haben uns nie etwas zuschulden kommen lassen, auch mit Dörfelts von gegenüber verband uns eine jahrelange Freundschaft, bis die Frau sich kurz vor dem Fest unsre Bratpfanne auslieh und nicht zurückbrachte.

Als meine Mutter dreimal vergeblich gemahnt hatte, riß ihr eines Tages die Geduld, und sie sagte auf der Treppe zu Frau Muschg, die im vierten Stock wohnt, Frau Dörfelt sei eine Schlampe. Irgendwer muß das den Dörfelts hinterbracht haben, denn am nächsten Tag überfielen Klaus und Achim unsern Jüngsten, den Hans, und prügelten ihn windelweich.

Ich stand grad im Hausflur, als Hans ankam und heulte. In diesem Moment trat Frau Dörfelt drüben aus der Haustür, ich lief über die Straße, packte ihre Einkaufstasche und stülpte sie ihr über den Kopf. Sie schrie aufgeregt um Hilfe, als sei sonst was los, dabei drückten sie nur die Glasscherben etwas auf den Kopf, weil sie ein paar Milchflaschen in der Tasche gehabt hatte. Vielleicht wäre die Sache noch gut ausgegangen, aber es war just um die Mittagszeit, und da kam Herr Dörfelt mit dem Wagen angefahren.
Ich zog mich sofort zurück, doch Elli, meine Schwester, die mittags zum Essen heimkommt, fiel Herrn Dörfelt in die Hände. Er schlug ihr ins Gesicht und zerriß dabei ihren Rock. Das Geschrei lockte unsre Mutter ans Fenster, und als sie sah, wie Herr Dörfelt mit Elli umging, warf unsre Mutter mit Blumentöpfen nach ihm. Von Stund an herrschte erbitterte Feindschaft zwischen den Familien.
Weil wir nun Dörfelts nicht über den Weg trauten, installierte Herbert, mein ältester Bruder, der bei einem Optiker in die Lehre geht, ein Scherenfernrohr am Küchenfenster.
Da konnte unsre Mutter, waren wir alle unterwegs, die Dörfelts beobachten. Augenscheinlich verfügten diese über ein ähnliches Instrument, denn eines Tages schossen sie von drüben mit einem Luftgewehr herüber. Ich erledigte das feindliche Fernrohr dafür mit einer Kleinkaliberbüchse, an diesem Abend ging unser Volkswagen unten im Hof in die Luft.
Unser Vater, der als Oberkellner im hochrenommierten Café Imperial arbeitete, nicht schlecht verdiente und immer für den Ausgleich eintrat, meinte, wir sollten uns jetzt an die Polizei wenden.
Aber unserer Mutter paßte das nicht, denn Frau Dörfelt verbreitete in der ganzen Straße, wir, das heißt, unsre gesamte Familie, seien derart schmutzig, daß wir mindestens zweimal jede Woche badeten und für das hohe Wassergeld, das die Mieter zu gleichen Teilen zahlen müssen, verantwortlich wären.
Wir beschlossen also, den Kampf aus eigner Kraft in aller Härte aufzunehmen, auch konnten wir nicht mehr zurück, verfolgte doch die gesamte Nachbarschaft gebannt den Fortgang des Streites.
Am nächsten Morgen schon wurde die Straße durch ein mörderisches Geschrei geweckt.
Wir lachten uns halbtot, Herr Dörfelt, der früh als erster das Haus verließ, war in eine tiefe Grube gefallen, die sich vor der Haustüre erstreckte.
Er zappelte ganz schön in dem Stacheldraht, den wir gezogen hatten, nur mit dem linken Bein zappelte er nicht, das hielt er fein still, das hatte er sich gebrochen.
Bei alledem konnte der Mann noch von Glück sagen – denn für den Fall, daß er die Grube bemerkt und umgangen hätte, war der Zünder einer Plastikbombe mit dem Anlasser seines Wagens verbunden. Damit ging kurze Zeit später Klunker-Paul, ein Untermieter von Dörfelts, hoch, der den Arzt holen wollte.
Es ist bekannt, daß die Dörfelts leicht übelnehmen. So gegen zehn Uhr begannen sie unsre Hausfront mit einem Flakgeschütz zu bestreichen. Sie mußten sich erst einschießen, und die Einschläge befanden sich nicht alle in der Nähe unserer Fenster.
Das konnte uns nur recht sein, denn jetzt fühlten sich auch die anderen Hausbewohner geärgert, und Herr Lehmann, der Hausbesitzer, begann um den Putz zu fürchten. Eine Weile sah er sich die Sache noch an, als aber zwei Granaten in seiner guten Stube krepierten, wurde er nervös und übergab uns den Schlüssel zum Boden.

Wir robbten sofort hinauf und rissen die Tarnung von der Atomkanone. Es lief alles wie am Schnürchen, wir hatten den Einsatz oft genug geübt, die werden sich jetzt ganz schön wundern, triumphierte unsre Mutter und kniff als Richtkanonier das rechte Auge fachmännisch zusammen.
Als wir das Rohr genau auf Dörfelts Küche eingestellt hatten, sah ich drüben gegenüber im Bodenfenster ein gleiches Rohr blinzeln, das hatte freilich keine Chance mehr, Elli, unsre Schwester, die den Verlust ihres Rockes nicht verschmerzen konnte, hatte zornroten Gesichts das Kommando „Feuer!" erteilt. Mit einem unvergeßlichen Fauchen verließ die Atomgranate das Rohr, zugleich fauchte es auch auf der Gegenseite. Die beiden Geschosse trafen sich genau in der Straßenmitte.
Natürlich sind wir nun alle tot, die Straße ist hin und wo unsre Stadt früher stand, breitet sich jetzt ein graubrauner Fleck aus.
Aber eins muß man sagen, wir haben das Unsre getan, schließlich kann man sich nicht alles gefallen lassen.
Die Nachbarn tanzen einem sonst auf der Nase herum.

Geeignet ist auch der Text „Schlittenfahren" von Helga M. Novak.

Helga M. Novak: Schlittenfahren

Das Eigenheim steht in einem Garten. Der Garten ist groß. Durch den Garten fließt ein Bach. Im Garten stehen zwei Kinder. Das eine der Kinder kann noch nicht sprechen. Das andere Kind ist größer. Sie sitzen auf einem Schlitten. Das kleinere Kind weint. Das größere sagt, gib den Schlitten her. Das kleinere weint. Es schreit.
Aus dem Haus tritt ein Mann. Er sagt, wer brüllt, kommt rein. Er geht in das Haus zurück. Die Tür fällt hinter ihm zu.
Das kleinere Kind schreit.
Der Mann erscheint wieder in der Haustür. Er sagt, komm rein. Na wirds bald. Du kommst rein. Nix. Wer brüllt, kommt rein. Komm rein.
Der Mann geht hinein. Die Tür klappt.
Das kleinere Kind hält die Schnur des Schlittens fest. Es schluchzt.
Der Mann öffnet die Haustür. Er sagt, du darfst Schlittenfahren, aber nicht brüllen. Wer brüllt, kommt rein. Ja. Ja. Jaaa. Schluß jetzt.
Das größere Kind sagt, Andreas will immer allein fahren.
Der Mann sagt, wer brüllt, kommt rein. Ob er nun Andreas heißt oder sonstwie. Er macht die Tür zu.
Das größere Kind nimmt dem kleineren den Schlitten weg. Das kleinere Kind schluchzt, quietscht, jault, quengelt.
Der Mann tritt aus dem Haus. Das größere Kind gibt dem kleineren den Schlitten zurück. Das kleinere Kind setzt sich auf den Schlitten. Es rodelt.
Der Mann sieht in den Himmel. Der Himmel ist blau. Die Sonne ist groß und rot, es ist kalt.
Der Mann pfeift laut. Er geht wieder ins Haus zurück. Er macht die Tür hinter sich zu.
Das größere Kind ruft, Vati, Vati, Vati, Andreas gibt den Schlitten nicht mehr her.
Die Haustür geht auf. Der Mann steckt den Kopf heraus. Er sagt, wer brüllt, kommt rein. Die Tür geht zu.
Das größere Kind ruft, Vati, Vativativati, Vaaatiii, jetzt ist Andreas in den Bach gefallen.
Die Haustür öffnet sich einen Spalt breit. Eine Männerstimme ruft, wie oft soll ich das noch sagen, wer brüllt, kommt rein.

Beispiel: Daniel (13) ließ sich nach der Überschrift noch zwei Abschnitte geben:

1. Nicht alles gefallen lassen ...
2. Wir wohnten im dritten Stock mitten in der Stadt und haben uns nie etwas zuschulden kommen lassen, auch mit Dörfelts von gegenüber verband uns eine jahrelange Freundschaft, bis die Frau sich kurz vor dem Fest unsre Bratpfanne auslieh und nicht zurückbrachte.
3. Als meine Mutter dreimal vergeblich gemahnt hatte, riß ihr eines Tages die Geduld und sie sagte auf der Treppe zu Frau Muschg, die im vierten Stock wohnt, Frau Dörfelt sei eine Schlampe.

Irgendwer muß das den Dörfelts hinterbracht haben, denn am nächsten Tag überfielen Klaus und Achim unsern Jüngsten, den Hans, und prügelten ihn windelweich.

Nun schrieb Daniel weiter:

So etwas lassen wir uns natürlich nicht gefallen. Also hielten wir am nächsten Tag morgens beim Frühstück Kriegsrat. „Kinder!", rief mein Vater, „Kinder, solch eine Schmach dürfen wir nicht auf uns sitzen lassen!" Großvater, Jahrgang 1898, nickte zustimmend mit dem Hörrohr und wippte im Schaukelstuhl. „Wir werden diesen ignoranten Barbaren eine Lektion erteilen!" fuhr Vater fort, „sie werden noch lange an uns denken! Peter, du und Heinz, ihr kümmert euch um Achim und Klaus Dörfelt, Birgit nimmt sich das Luder von Tochter vor!" So wurde es dann auch getan. Nach zwei Stunden war der Kampf ausgetragen, wir waren siegreich aus der Schlacht hervorgegangen. Birgit hatte sogar eine Trophäe mitbringen können: den Zopf dieser widerlichen Göre unserer Nachbarn.

Wer nun denkt, es wäre jetzt in Ordnung gewesen, die Dörfelts hätten sich entschuldigt und die Pfanne wieder gebracht, der irrt. Am darauffolgenden Tag wollte mein Vater zur Arbeit fahren, aber die Reifen waren zerstochen. Birgit kam heulend und kahlgeschoren von der Schule zurück. Am Abend wurde wieder Kriegsrat gehalten. Als Ergebnis brachte er die Ankündigung des Ausnahmezustands und eine Erhöhung des Wehretats auf 450 DM.

Das wurde natürlich ausgenutzt. Hans kaufte sich einen Experimentierkasten, der alle Kampfstoffe zur chemischen Kriegsführung enthielt. Peter und Birgit besorgten sich eine Motorsäge, während ich und Mutti die Bremsschläuche des Wagens der Dörfelts durchzwickten. Alsbald zeigte unsere Strategie erste Erfolge. Herr Dörfelt lag mit zahlreichen Brüchen auf der Intensivstation, er wird voraussichtlich in drei Monaten wieder feste Nahrung zu sich nehmen können. Birgit saß stundenlang im Sessel vor dem Fernseher und sah sich den Videolehrgang „Kettensägenmorden leicht gemacht" an. Hans war es nun schon gelungen, 150 ml Zyklon B herzustellen.

Der Rückschlag, der nun folgte, war allerdings schwer zu verkraften. Am Donnerstag, zwei Tage nach Herrn Dörfelts Autounfall, drangen afghanische Terroristen in unsere Wohnung ein und schossen wie wild um sich. Ich erlitt einen Streifschuß am Kinn, Ohrläppchen, an der Kniescheibe und einen Volltreffer in den Unterarm. Den Videolehrfilm können wir wegschmeißen, Birgit ist nicht mehr. Möge sie in Frieden ruhen.

Dies alles schrie nach Rache. Opa holte seine Erste-Weltkriegs-Montur aus dem Schrank, befestigte auf seinem Granatwerfer Hänschens Zyklon B-Granaten und stürzte mit einem Bajonett in der linken, einem Morgenstern in der rechten Hand auf Frau Dörfelt, die ihren Bunker verlassen hatte, um nach dem MIG-29-Jäger zu sehen. Während wir noch applaudierten und aus unserem Raketenwerfer auf den Flugzeugträger der Dörfelts feuerten, kam Opa unten die von uns bestochene Internationale Kommunistische Verschwörung zu Hilfe.

Wir hatten den Feind ordentlich dezimiert. In der Nacht wurden zwar vier Außenwände unseres Hauses in die Luft gesprengt, und Hans wurde tödlich von einer Trennwand getroffen, aber ansonsten war alles ruhig.

Wir setzten nun unsere letzte Waffe ein. Sollte das nicht klappen, müßten wir uns wohl oder übel in den Atombunker zurückziehen.

Vater drückte also auf den dafür vorgesehenen Knopf, und der ins All gesandte „Anti-Dörfelt I" schickte seine mit genetisch veränderten Milzbrandviren verseuchten Raketen auf die Nachbarwohnung los. Zur selben Zeit explodierte die in unserer Waschmaschine versteckte H-Bombe und tötete die restlichen Familienmitglieder. Dort, wo früher unser Bundesland war, ist heute nur noch ein kahler Fleck, 250000 Menschen sind ums Leben gekommen, und auch wir haben die 14000 °C heiße Explosion nicht überlebt. Das Gelände ist in 10 km Umkreis abgesperrt worden, aber der Milzbrand ist nicht aufzuhalten. Soweit ich weiß, greift er nun schon auf England und die Beneluxländer über. Bald wird er Frankreich erreichen.

Man soll sich halt nicht alles gefallen lassen. Wo kämen wir denn hin, wenn das jeder machen könnte! Einfach Bratpfannen ausleihen und nicht wiedergeben! Also wirklich ...

Fortschreibgeschichte

Aufgabe: Setze den vorgelegten Textanfang fort, indem du etwa genausoviel dazuschreibst, und gib dein Blatt dem Nachbarn. Lies nun den Text, den du von deinem Nachbarn bekommst, setze ihn mit einem Abschnitt fort und gib ihn dann weiter, usw. Fremde Leser oder Hörer sollten nicht merken, wo ein neuer Autor einsetzte.

Erläuterungen: Die Aufgabe verlangt sowohl inhaltliche Phantasie als auch sprachliche Flexibilität. Der Witz der Textanfänge besteht nämlich darin, daß sie möglichst unterschiedliche Stile repräsentieren. Die Schreiber müssen sich also innerhalb kurzer Zeit nicht nur auf unterschiedliche Inhalte, sondern auch auf ganz verschiedene Schreibweisen einstellen.
Günstig sind Kleingruppen von 4 Schülern; es sind dann 4 Textanfänge nötig. Jeder Textanfang sollte zweckmäßigerweise auf ein Blatt kopiert werden, so daß die Schüler unmittelbar darunter weiterschreiben können. Bei 4 Schülern hat am Ende jeder Text 5 Teile: einen Anfang und 4 Fortsetzungen. Diese fünfteiligen Texte liest der Lehrer am Ende vor und läßt Zuhörer, die nicht dieselben Anfänge hatten, raten, wo der Autor wechselte. (Am besten fordert man zum stillen Sich-Melden auf, wenn ein Autorwechsel bemerkt wird; der Lehrer sollte dann die Stelle nochmals lesen, um den Punkt des Wechsels genau bestimmen zu lassen.)

Erfahrungen: Die Aufgabe kommt vor allem bei gewandten Schreibern gut an; sie sollte von vornherein als strapaziös und als Herausforderung an die Schreibfähigkeit dargestellt werden. Beim Vorlesen wird der Autorwechsel oft verblüffend gut bemerkt.

Zeitbedarf: Aufgabenstellung und Gruppenbildung 5 Min., Schreibzeit pro Abschnitt 10 Min., also insgesamt 40 Min., Vorlesen und Raten pro Vierergruppe 5–10 Min.

Material: Rainald Goetz: Irre

Peter Sposta, 22, hat mit wutverzerrtem Gesicht zu einem Faustschlag ausgeholt. Die Hand kracht auf das Glas des Flipperautomaten. Sposta trinkt sein Bier aus und geht an die Theke: Noch ein Weißbier, Harry. Er geht zurück zum Flipper. Bei den andern läuft die Kugel gut. Das dauert, bis er wieder dran kommt. Er schaut auf die Uhr, es ist immer noch halb eins. Der Schaum im Glas hat sich gesetzt, Sposta trinkt, ein langer Zug. Die Zitronenscheibe verfängt sich an der Oberlippe. Er nimmt sie aus dem Glas, wirft sie unter die Rempelnden und Tanzenden, sagt: Scheiße. Zeitvergleich, Blick auf die Uhr, halb eins.
[...]

Ephraim Kishon: Auch die Waschmaschine ist nur ein Mensch

Eines Tages unterrichtete mich die beste Ehefrau von allen, daß wir eine neue Waschmaschine brauchten, da die alte, offenbar unter dem Einfluß des mörderischen Klimas, den Dienst aufgekündigt hatte. Der Winter stand vor der Tür, und das bedeutete, daß die Waschmaschine jedes einzelne Wäschestück mindestens dreimal waschen müßte, da jeder Versuch, es durch Aufhängen im Freien zu trocknen, an den jeweils kurz darauf einsetzenden Regengüssen scheiterte. Und da der Winter heuer besonders regnerisch zu werden versprach, war es klar, daß nur eine neue, junge, kraftstrotzende und lebenslustige Waschmaschine sich gegen ihn behaupten könnte.
„Geh hin", so sprach ich zu meinem Eheweib, „geh hin, Liebliche, und kaufe eine Waschmaschine. Aber wirklich nur eine, und von heimischer Erzeugung. So heimisch wie möglich."
[...]

Heinrich von Kleist: Michael Kohlhaas

An den Ufern der Havel lebte, um die Mitte des sechzehnten Jahrhunderts, ein Roßhändler namens Michael Kohlhaas, Sohn eines Schulmeisters, einer der rechtschaffensten und zugleich entsetzlichsten Menschen seiner Zeit. Dieser außerordentliche Mann würde bis in sein dreißigstes Jahr für das Muster eines guten Staatsbürgers haben gelten können. Er besaß in einem Dorfe, das noch von ihm den Namen führt, einen Meierhof, auf welchem er sich durch sein Gewerbe ruhig ernährte; die Kinder, die ihm sein Weib schenkte, erzog er in der Furcht Gottes zur Arbeitsamkeit und Treue; nicht einer war unter seinen Nachbarn, der sich nicht seiner Wohltätigkeit oder seiner Gerechtigkeit erfreut hätte; kurz, die Welt hätte sein Andenken haben segnen müssen, wenn er in einer Tugend nicht ausgeschweift hätte. Das Rechtsgefühl aber machte ihn zum Räuber und Mörder. Er ritt einst, mit einer Koppel junger Pferde, wohlgenährt alle und glänzend, ins Ausland und überschlug eben, wie er den Gewinn, den er auf den Märkten damit zu machen hoffte, anlegen wollte – teils nach Art guter Wirte auf neuen Gewinn, teils aber auch auf den Genuß der Gegenwart –, als er an die Elbe kam und bei einer stattlichen Ritterburg, auf sächsischem Gebiete, einen Schlagbaum traf, den er sonst auf diesem Wege nicht gefunden hatte. Er hielt in einem Augenblick, da eben der Regen heftig stürmte, mit den Pferden still und rief den Schlagwärter, der auch bald darauf mit einem grämlichen Gesicht aus dem Fenster sah. [...]

Thomas Mann: Tonio Kröger

Die Wintersonne stand nur als armer Schein, milchig und matt hinter Wolkenschichten über der engen Stadt. Naß und zugig war's in den giebeligen Gassen, und manchmal fiel eine Art von weichem Hagel, nicht Eis, nicht Schnee.
Die Schule war aus. Über den gepflasterten Hof und heraus aus der Gatterpforte strömten die Scharen der Befreiten, teilten sich und enteilten nach rechts und links. Große Schüler hielten mit Würde ihr Bücherpäckchen hoch gegen die linke Schulter gedrückt, indem sie mit dem rechten Arm wider den Wind dem Mittagessen entgegenruderten; kleines Volk setzte sich lustig in Trab, daß der Eisbrei umherspritzte und die Siebensachen der Wissenschaft in den Seehundsränzeln klapperten. Aber hie und da riß alles mit frommen Augen die Mützen herunter vor dem Wotanshut und dem Jupiterbart eines gemessen hinschreitenden Oberlehrers...
„Kommst du endlich, Hans?" sagte Tonio Kröger, der lange auf dem Fahrdamm gewartet hatte. [...]

Hans Joachim Schädlich: Schwer leserlicher Brief

Schwer leserlicher Brief, der auf geliehener alter Maschine geschrieben wird von unkundiger Hand. Die letzte Kopie, für das Gedächtnis, nur entzifferbar durch den Absender.
Der Entschluß ist gefaßt worden mittags, Montag. Es war zu besorgen dreierlei Papier. Wenige Bogen von jeder Sorte. Ein Laden für Schreibwaren bietet Kohlepapier. Verkäuflich in unverbrauchbarer Menge. Einzelne Bogen, fünf genügen, nicht. Aber es findet sich wer. Briefumschläge, Marken aus eigenem Vorrat. [...]

Botho Strauß: Die Widmung

Ganz Europa leidet gegenwärtig unter dieser Hitze. Dreißig Grad im Schatten, Mitte Juni, leichte Quellbewölkung, jeden Tag das gleiche.
Es soll ein Jahrhundertsommer werden. Morgens um sieben fährt der erste Sprühwagen unter seinem Fenster vorbei. Er wacht im selben Trübsinn auf, der ihn am Abend eingeschläfert hat.
Aus Langeweile zum Frisör gegangen. Herrensalon. Der Besitzer scheint ein Pferdenarr zu sein. Überall neben den Spiegeln Käppis und Reitgerten, Bilder von Rennpferden und Jagdhunden. Ein Frisör als Reiter oder gar Jäger in Westberlin, das ist nur zu typisch. [...]

Beispiel: Conrad Ferdinand Meyer: Die Hochzeit des Mönchs

Es war in Verona. Vor einem breiten Feuer, das einen weiträumigen Herd füllte, lagerte in den bequemsten Stellungen, welche der Anstand erlaubte, ein junges Hofgesinde männlichen und weiblichen Geschlechtes um einen ebenso jugendlichen Herrscher und zwei blühende Frauen. Dem Herde zur Linken saß diese fürstliche Gruppe, welcher die übrigen in einem Viertelkreise sich anschlossen, die ganze andere Seite des Herdes nach höfischer Sitte frei lassend. Der Gebieter war derjenige Scaliger, welchen sie Cangrande nannten. Von den Frauen, in deren Mitte er saß, mochte die nächst dem Herde etwas zurück und ins Halbdunkel gelehnte sein Eheweib, die andere, vollbeleuchtete, seine Verwandte oder Freundin sein, und es wurden mit bedeutsamen Blicken und halblautem Gelächter Geschichten erzählt. [...]

(fortgesetzt durch 13jährige Schüler. * bedeutet: Schreiberwechsel)

* Da nun Cangrande begann, verstummte das Gelächter, und bedeutsame Blicke richteten sich auf ihn. Cangrande begann mit drohender Stimme aus tiefer Brust, er besann sich nach jedem Satz für längere Zeit und atmete tief. Der Kalif schritt mit Würde die steinernen Stufen aus Marmor hinauf, gelangte durch die seidenen Vorhänge in den Saal und sah mit Herablassung auf den in kniender Stellung verharrenden Gesandten. Unsicher harrte der Gesandte dort, unsicher, ob er den Auftrag würde erfüllen können. Der Kalif in voller Größe vor ihm stehend, erzeugte Verunsicherung, eine hinterhältige, seelische Verunsicherung.
* „Reitet nach dem Lande zur untergehenden Sonne, erkundet die Umstände der Macht und die mögliche Erwehrung eines Angriffes! Bringt mir Wissen über Geld und Land! Nun geht, eilt Euch, denn sobald Ihr zurück seid, gedenke ich zu entscheiden über Krieg oder Frieden."
Cangrande drehte sich um und verließ erhobenen Hauptes den Raum, während der Gesandte wie versteinert kniend hockte.

∗ Alles Gelächter war verstummt, alle in den Lichtkreis des Herdes getreten, die Grenzen des Anstandes, den einzuhaltenden Abstand zwischen Personen hohen und niederen Adels betreffend, waren überschritten worden. Der Atem der Frauen ging flach, noch war etwas von der Tragweite des eben Erlebten zu spüren, war im Raum geblieben. Der Gesandte wagte erst jetzt, aufzublicken in die Runde, beinah vorsichtig seinen Säbel zur Rechten zu berühren und sich so seines Standes und seiner Herkunft erneut zu versichern.
∗ Er ging hinaus, nahm seinen Rappen und ritt los. Er nahm den Weg durch die unbewohnten Berge. Sie taten sich vor ihm auf und er überritt sie. Er ritt durch Tal und Berg, als er plötzlich stoppte. Was war das? Eine Schlange, die giftigste Italiens, schlängelte sich heran. Er dachte nicht daran, den Säbel zu benutzen. Da passierte es. Sein Pferd bäumte sich auf, um sich seiner Last zu entledigen und die Flucht vor dem Untier zu ergreifen. Der Gesandte stürzte. Die Schlange kroch auf ihn zu. Was jetzt?
∗ Zitternd blieb er liegen. Der Kopf des Ungeheuers hatte sein Bein erreicht. Er hielt den Atem an. Langsam kroch die Schlange über seine Beine. Von Ekel, Entsetzen und Angst bewegt schrie der Gesandte und sprang auf. Ein stechender Schmerz im Bein verhieß ihm nichts Gutes. Die Schlange war verschwunden. Entsetzt starrte er auf die 13 kleinen Löcher, aus denen Blutstropfen rannen. Er brachte es nicht fertig, aufzustehen. Nach 10 Minuten wurde ihm kalt. Ein dünner, roter Streifen verband nun die Löcher. Er begann, Ungeheuer, Drachen und Riesen zu sehen. Es war zu spät. Er befand sich in der Traumhöhle, die er nie mehr würde verlassen können.

Raymond Chandler:
Der lange Abschied

Als ich Terry Lennox zum ersten Mal zu Gesicht bekam, lag er betrunken in einem Rolls-Royce Silver Wraith draußen vor der Terrasse des „Dancers". Der Parkplatzwächter hatte den Wagen gebracht und hielt immer noch die Tür auf, weil Terry Lennox' linker Fuß immer noch draußen baumelte, als hätte er vergessen, daß er einen besaß. Sein Gesicht wirkte jung, doch sein Haar war schlohweiß. Man konnte seinen Augen ansehen, daß er blau war wie ein Veilchen, aber ansonsten sah er aus wie jeder andere nette junge Kerl im Abendanzug, der ein bißchen zu viel Geld in einem Lokal gelassen hatte, dessen Zweck eben darin und in nichts anderem besteht.
Neben ihm saß ein Mädchen. Ihr Haar war von hinreißendem Dunkelrot, und sie hatte ein entrücktes Lächeln auf den Lippen, und um die Schultern trug sie einen blauen Nerz, der den Rolls-Royce fast wie ein gewöhnliches Auto wirken ließ. Ganz allerdings nicht. Das gibt's überhaupt nicht.
Der Wächter war der übliche mittelharte Typ in weißer Jacke, auf deren Revers in Rot der Name des Restaurants eingestickt war. Langsam riß ihm die Geduld. „Hören Sie mal, Mister", sagte er mit ziemlich gewetzter Stimme, „würde es Ihnen sehr viel ausmachen, wenn Sie das werte Bein so weit in den Wagen zögen, daß ich provisorisch die Tür schließen kann? Oder soll ich sie ganz aufmachen, damit Sie richtig rausfallen können?"
[...]

(fortgesetzt durch 13jährige Schüler. * bedeutet: Schreiberwechsel)

* Terry Lennox versuchte angestrengt, ein Auge zu öffnen, was ihm nach einer Weile auch gelang. Die dunkelrote Göttin blinzelte erschreckt. Diese Ansprache hatte sie nicht erwartet, und man merkte ihr an, daß sie klare Worte nicht gewohnt war. Der blaue Nerz drohte von der Schulter zu rutschen. „Mister ... äh ... Dancers", zischte es aus getünchten Lippen, „wie Sie vielleicht sehen, ist mein Begleiter durch außergewöhnliche Umstände daran gehindert, Ihrer reizenden Einladung Folge zu leisten. Wie wär's, wenn du selber mal deine dreckigen Pfoten rührst und mit anpackst, du Schwachkopf!"
Einen kurzen Moment lang drohte der Wächter die Fassung zu verlieren. Er rollte mit den Augen, und ein Knopf sprang ihm von der Jacke.
* „Hören Sie mal, Madame, ich bin Parkplatzwächter, kein Müllschlepper. Warum ziehen Sie denn sein Bein nicht hinein?"
„Sie, was erlauben Sie sich denn, wissen Sie denn nicht, wen Sie hier vor sich haben?"
„Das weiß ich sehr wohl, einen besoffenen Typen, der von seiner Tussi betreut wird."
„Das ist Terry Lennox, der berühmte Schriftsteller. Aber Leute wie Sie wissen das natürlich nicht." Dann sah sie mich und rief mich zu sich. „Mister, können Sie autofahren?"
„Aber sicher, Madame." Ich hatte langjährige Erfahrung als Taxifahrer zwischen Broadway und 91ter Straße.
* Wenn ich jene Fahrt, die ich damals mit Terry Lennox und seiner Begleiterin gefahren bin, mit den üblichen Taxifahrten vergleiche, so muß ich sagen, daß sie in gewisser Weise unterhaltsam war. Die Rothaarige, durch den Alkohol sichtlich angeheitert, begann, mir einige Geschichten zu erzählen. Es waren jedoch keine gewöhnlichen Stories, die mir an jenem Abend im Rolls-Royce zuteil wurden, nicht jene, die man an jedem Bahnhof für einige Cents erwerben konnte, vielmehr kunstvolle, packende Geschichten. Sie stammten ganz offensichtlich von jenem Terry Lennox, dessen Alkoholschleier sich etwas gelöst zu haben schien.
* Die Rothaarige rückte näher und legte ihre Hand auf die meine. Sie fing an, mir eine anmutige Geschichte zu erzählen. Für diesen Terry Lennox war sie wohl zu anmutig, auf jeden Fall richtete er sich stöhnend auf und zog mit aller Gewalt an dem Kleid der Rothaarigen und lallte allerlei Worte vor sich hin. Ich fuhr langsamer, drehte mich um und sah verwundert dem wie verrückt am Kleid ziehenden Terry Lennox zu. Wütend sah er jetzt mich an und lallte mich dumm an.
* Ich drehte mich angewidert weg, um der Alkoholfahne zu entgehen. Dabei übersah ich den 30-Tonner und wurde schwer verletzt. Seitdem bin ich Parkplatzwächter. Vielleicht verstehen Sie jetzt, warum ich eine Abneigung gegen Terry Lennox habe ...

Gedankentext

Aufgabe: „Ulla (Kai) versteht kein Wort von dem, was der Mathelehrer erklärt. Sie (er) denkt an etwas ganz anderes."
Schreibe auf, was ihr (ihm) durch den Kopf geht.

Erläuterungen: Diese Aufgabe hat Übungscharakter: Vor allem jüngere Schreiber geben bloß Geschehnisse, Handlungen und wörtliche Rede wieder und vermeiden im allgemeinen die Darstellung innerer Vorgänge. Hier soll nun geübt werden, das zu Papier zu bringen, was hinter der Stirn der Figuren vorgeht; denn dann kann sich der Leser leichter in die Figur hineinversetzen, und der Text wird lebendiger. Allerdings entstehen zunächst oft wieder Geschichten („Sie stellte sich vor, daß ..."). Gelernt werden muß, das Bruchstückhafte und Diskontinuierliche von Gedanken auszudrücken, Stimmungen, Wahrnehmungen, Empfindungen, Gedankensplitter aneinanderzureihen. Ein Mißverständnis der Aufgabe wäre es also, wenn Schüler zusammenhängend und gar geordnet ihrer Frustration am Mathe-Unterricht Ausdruck gäben.
Wegen ihres Übungscharakters eignet sich diese Aufgabe nur innerhalb eines größeren Zusammenhangs, in dem es um die Erweiterung des schreibtechnischen Repertoires geht.
Zur Vorbereitung ist *„Free-Writing"* nützlich: Während einer begrenzten Zeit (max. 3 Minuten) schreibt man alles, was einem gerade durch den Kopf geht, auf, und zwar so schnell wie möglich. Auf dem Papier sollte der Film des Bewußtseinsstroms entstehen. Der Stift darf nie abgesetzt werden. Falls diese „Texte" vorgelesen werden, sollte die Aufmerksamkeit auf die vier Elemente gelenkt werden, die in den Texten auftauchen können: Wahrnehmung von eigenen Gefühlen; Wahrnehmung der Umgebung; Erinnerungen; Gedanken an Zukünftiges.

1. Variante: Im Anschluß an den Ulla(Kai)-Text kann auch vom selben Schüler ein Text geschrieben werden, der die Gedanken des Mathelehrers festhält. Reizvoll ist dann eine Collage beider Texte, die zu Überblendungen führt.

2. Variante: Ein Schüler schreibt den Schülerpart, einer schreibt den Lehrerpart; dann werden beide Parts ineinandergeschoben (vgl. die Aufgabe „Aufeinander zu", S. 54).

Erfahrungen: Selbst beim *„Free-Writing"* schreiben manche Teilnehmer wieder zusammenhängende Geschichten; aber Spaß macht es allen, selbst wenn sie es im ersten Augenblick für absurd halten. Oft herrscht Staunen, daß die Zeit so kurz war: „Das kam mir viel länger vor."
Die Gedanken Ullas bzw. Kais wirken bisweilen unecht, klischeehaft, und Jugendliche in der Pubertät sperren sich gegen diese Aufgabe: „Da schreibt man einen Groschenroman ... Das gibt's doch alles schon ..."
Schwierigkeiten haben auch Teilnehmer, deren Selbstkontrolle sehr fest ist; aber gerade für sie ist dies eine wichtige Übung, weil kreativ nur schreiben

kann, wer fähig ist, wenigstens phasenweise die Kontrolle des Bewußtseins zu lockern.
Schüler finden es bisweilen leichter und reizvoller, die (vermuteten) Gedanken eines Lehrers zu formulieren als die Gedanken eines Schülers.

Zeitbedarf: Aufgabenstellung 3 Min., Free-Writing 3 Min. (Vorlesen pro Schüler eine halbe Minute – kein Kommentar!), Gedankentext schreiben 20 Min., Vorlesen und Besprechen pro Schüler 3 Min.

Beispiele: Nadjib (13): Gedankentext: Schüler

Sebastian hört nicht mehr, was Frau Klein sagt ...
Wo ist meine Federtasche? Hans hat sie bestimmt wieder an sich gerissen und später Karl gegeben, und nun entdeckt sie die Klasse, von einer Hand zur anderen reisend. Soll ich Marc sagen, daß er sie mir zurückgeben soll? Er wird bestimmt fragen, was ich meine. Tatsächlich! Jetzt hole ich sie mir! Oh nein, Andreas schmeißt sie natürlich, über meinen Kopf hinweg, zu Michael. Soll ich hinrennen? Was passiert, wenn Frau Klein mich sieht? Ach was, ich setze mich einfach auf meinen Stuhl, irgendwann verlieren sie ja doch die Lust und geben mir die Federtasche zurück.
Frau Klein hat natürlich nichts gemerkt. Was wird es wohl heute zu Mittag geben? Keine Wolken am Himmel. Alle schreiben, aber wie soll ich schreiben? Jetzt haben sie André den Ranzen weggenommen. Hans hat den Ranzen jetzt. Das ist die Gelegenheit! Ich habe sie! Ich schlage jetzt ein Tauschgeschäft vor: Seine Federtasche gegen meine! Ich habe sie! Was geht mich der Strandhafer und seine Bedeutung an? Ob die neue Waschmaschine eingebaut ist? Was ist wohl am Montag passiert? Ob es stimmt, daß Herr Grün entlassen wird, weil er Martin geschlagen hat? Verdammt, was sage ich? Ich habe ja nicht einmal gehört, was Frau Klein gefragt hat. Bestimmt, wozu Dünen gut sind. Ihre Lieblingsfrage. Und wenn nicht? Ich sage es einfach! Verdammt! Falsch! Was interessiert mich das Watt und die Inseln usw.! Hoffentlich klingelt es bald! Endlich!

Aufeinander zu

Aufgabe: Schreibe zwei Texte, die die Gedanken zweier Menschen wiedergeben:
a) Der erste Mensch ist voller Widerwillen oder voller Freude unterwegs zu einem anderen,
b) der zweite Mensch erwartet voller Widerwillen oder voller Freude die Ankunft des anderen.
Schiebe die beiden Texte ineinander wie in Gabriele Wohmanns Text „Die Klavierstunde".

Erläuterungen: Diese Aufgabe ist reizvoll, wenn sie in Partnerarbeit durchgeführt wird: Die Partner überlegen sich die beiden Figuren und das Geschehen; es müssen Ort, Zeit und Zweck des Besuchs abgesprochen werden. Dann schreibt jeder seinen Part, und schließlich werden die Parts zerschnitten, und der Gesamttext wird montiert.
Hilfsweise kann in der ganzen Gruppe überlegt werden, welche Paare bzw. Konstellationen in Frage kommen.
Unabdingbar ist die Kenntnis der Vorlage (Wohmann). Es empfiehlt sich, die Vorlage vorzulesen, und zwar zunächst nur den Part des Jungen. (Die Überschrift sollte zunächst auch nicht verraten werden – das erhöht die Spannung!) Die Schüler müssen überlegen, wie man den Text sinnvoll ergänzen könnte. Dann werden die Gedanken der Klavierlehrerin wiedergegeben. „Und wie endet der Text?" Der Schluß wird noch vorenthalten und erst gelesen, wenn dazu Vermutungen geäußert worden sind. Schließlich teilt man den Text aus, und die Schüler erkennen die Komposition.
Die Aufgabe fördert die Fähigkeit, Eindrücke, Gedanken und Gefühle von Figuren auszudrücken, also die Binnensicht zu gestalten. Es ist nicht nötig, daß es sich dabei um Ablehnung, Widerwillen, Unlust handelt. Genauso könnte man beide Figuren Vorfreude oder Spannung empfinden lassen. Wenn beide Personen dasselbe Gefühl haben, steigert dies allerdings den Reiz des Textes.

Erfahrungen: Manchen Teilnehmern fällt es schwer, eine fremde Schreibweise nachzuahmen; sie äußern Abneigung. Jüngere Teilnehmer neigen zu dramatischen Konstellationen (Henker – Opfer). Weitere von ihnen gewählte Paare: Zahnarzt – Patient; Reporter – Filmdiva; Reporter – Minister.

Anmerkung: Für diese Aufgabe gebührt Fritz Winterling (Wiesbaden) Dank; er wies auf den Text von Gabriele Wohmann hin und stellte ihn zur Verfügung.

Material: Gabriele Wohmann:
Die Klavierstunde

Das hatte jetzt alles keine Beziehung zu ihm: die flackernden Sonnenkleckse auf dem Kiesweg, das Zittern des Birkenlaubs; die schläfrige Hitze zwischen den Hauswänden im breiten Schacht der Straße. Er ging da hindurch (es war höchstens eine feindselige Beziehung) mit hartnäckigen kleinen Schritten. Ab und zu blieb er stehen und fand in sich die fürchterliche Möglichkeit, umzukehren, nicht hinzugehen. Sein Mund trocken vor Angst: er könnte wirklich so etwas tun. Er war allein; niemand, der ihn bewachte. Er könnte es tun. Gleichgültig, was daraus entstünde. Er hielt still, sah finster geradeaus und saugte Spucke tief aus der Kehle. Er brauchte nicht hinzugehen, er könnte sich widersetzen. Die eine Stunde möglicher Freiheit wog schwerer als die mögliche Unfreiheit des ganzen Nachmittags. Erstrebenswert: der ungleiche Tauschhandel; das einzig Erstrebenswerte jetzt in dieser Minute. Er tat so, als bemerke er nichts davon, daß er weiterging, stellte sich überrascht, ungläubig. Die Beine trugen ihn fort, und er leugnete vor sich selbst den Befehl ab, der das bewirkte und den er gegeben hatte.

Gähnend, seufzend, streckte sie die knochigen Arme, ballte die sehr dünnen Hände zu Fäusten; sie lag auf der Chaiselongue. Dann griff die rechte Hand tastend an die Wand, fand den Bilderrahmen, in dem der Stundenplan steckte; holte ihn, hielt ihn vor die tränenden Augen. Owehowehoweh. Die Hand bewahrte den saubergeschriebenen Plan wieder zwischen Bild und Rahmen auf; müde, renitent hob sich der Oberkörper von den warmen Kissenmulden. Owehowehoweh. Sie stand auf; empfand leichten Schwindel, hämmernde Leere hinter der faltigen Stirnwand; setzte sich wieder, den nassen Blick starr, freudlos auf das schwarze Klavier gerichtet. Auf einem imaginären Bildschirm hinter den Augen sah sie den Deckel hochklappen, Notenhefte sich voreinanderschieben auf dem Ständer; verschwitzte Knabenfinger drückten fest und gefühllos auf die gelblichen Tasten, die abgegriffenen; erzeugten keinen Ton. Eins zwei drei vier, eins zwei drei vier. Der glitzernde Zeiger des Metronoms pendelte beharrlich und stumm von einer auf die andere Seite seines düsteren Gehäuses. Sie stand auf, löschte das ungerufene Bild. Mit der Handfläche stemmte sie das Gewicht ihres Arms gegen die Stirn und schob die lappige lose Haut in die Höhe bis zum Haaransatz. Owehoweh. Sie entzifferte die verworrene Schrift auf dem Reklameband, das sich durchs Halbdunkel ihres Bewußtseins schob: Kopfschmerzen. Unerträgliche. Ihn wegschicken. Etwas Lebendigkeit kehrte in sie zurück. Im Schlafzimmer fuhr sie mit einem kalten Waschlappen über ihr Gesicht.

Brauchte nicht hinzugehn. Einfach wegbleiben. Die Umgebung wurde vertraut: ein Platz für Aktivität. Er blieb stehen, stellte die schwere Mappe mit den Noten zwischen die Beine, die Schuhe klemmten sie fest. Ein Kind rollerte vorbei; die kleinen Räder quietschten; die abstoßende Ledersohle kratzte den Kies. Nicht hingehen, die Mappe loswerden und nicht hingehen. Er wußte, daß er nur die Mappe loszuwerden brauchte. Das glatte warme Holz einer Rollerlenkstange in den Händen haben. Die Mappe ins Gebüsch schleudern und einen Stein in die Hand nehmen oder einen Zweig abreißen und ihn tragen, ein Baumblatt mit den Fingern zerpflücken und den Geruch von Seife wegbekommen.

Sie deckte den einmal gefalteten Waschlappen auf die Stirn und legte den Kopf, auf dem Bettrand saß sie, weit zurück, bog den Hals. Noch mal von vorne. Und eins und zwei und eins. Die schwarze Taste, b, mein Junge. Das hellbeschriftete Reklameband erleuchtete die dämmrigen Bewußtseinskammern: Kopfschmerzen. Ihn wegschicken. Sie saß ganz still, das nasse Tuch beschwichtigte die Stirn; sie las den hoffnungweckenden Slogan.

Feucht und hart der Lederhenkel in seiner Hand. Schwer zerrte das Gewicht der Hefte: jede einzelne Note hemmte seine kurzen Vorwärtsbewegungen. Fremde Wirklichkeit der

Sonne, die aus den Wolkenflocken zuckte, durch die Laubdächer flackerte, abstrakte Muster auf den Kies warf, zitterndes Gesprenkel. Ein Kind; eine Frau, die bunte Päckchen im tiefhängenden Netz trug; ein Mann auf dem Fahrrad. Er lebte nicht mit ihnen.

Der Lappen hatte sich an der Glut ihrer Stirn erwärmt: und nicht mehr tropfig hörte er auf, wohl zu tun. Sie stellte sich vor den Spiegel, ordnete die grauen Haarfetzen. Im Ohr hämmerte der jetzt auch akustisch wirkende Slogan.

Die Mappe loswerden. Einfach nicht hingehen. Seine Beine trugen ihn langsam, mechanisch in die Nähe der efeubeklecksten Villa.

Kopfschmerzen, unerträgliche. Sie klappte den schwarzen Deckel hoch; rückte ein verblichenes Foto auf dem Klaviersims zurecht; kratzte mit dem Zeigefingernagel ein trübes Klümpchen unter dem Daumennagel hervor.

Hinter dem verschnörkelten Eisengitter gediehen unfarbige leblose Blumen auf winzigen Rondellen, akkuraten Rabatten. Er begriff, daß er sie nie wie wirkliche Pflanzen sehen würde.

Auf den dunklen steifen Stuhl mit dem Lederpolster legte sie das grüne, schwachgemusterte Kissen, das harte, platte. Sah auf dem imaginären Bildschirm die länglichen Dellen, die seine nackten Beine zurückließen.

Einfach nicht hingehen. Das Eisentor öffnete sich mit jammerndem Kreischlaut in den Angeln.

Kopfschmerzen, unerträgliche. Wegschicken. Widerlicher kleiner Kerl.

Die Mappe loswerden, nicht hingehen. Widerliche alte Tante.

Sie strich mit den Fingern über die Stirn. Die Klingel zerriß die Leuchtschrift, übertönte die Lockworte.

„Guten Tag“, sagte er. „Guten Tag“, sagte sie. Seine (von wem nur gelenkten?) Beine tappten über den dunklen Gang; seine Hand fand den messingnen Türgriff. Sie folgte ihm und sah die nackten braunen Beine platt und breit werden auf dem grünen Kissen; sah die geschrubbten Hände Hefte aus der Mappe holen, sie auf dem Ständer übereinanderschieben. Schrecken in den Augen, Angst vibrierte im Hals. Sie öffnete das Aufgabenbuch, las: erinnerte mit dem (von wem nur gelöschten?) Bewußtsein. Eins zwei drei vier. Töne erzeugten seine steifen Finger; das Metronom tickte laut und humorlos.

Beispiele: Nina (13) und Carolin (13): Das Interview

* Sie genießt den letzten Tropfen des Tees auf ihrer Zunge, schließt die Augen. Vor ihr sieht sie ganz deutlich Jürgen, Jürgen, der Liebschaften gehabt haben soll. Jetzt, nach seinem Tod, soll alles aufgedeckt werden. Reporter! Schon dieses Wort. Immer die gleichen Menschen. Sensationssüchtig. Mit diesen gierigen Augen, die einen abschätzig von unten nach oben betrachten. Sie fragen, fragen, fragen, quetschen das Letzte aus einem heraus. Nach so einem Interview ist sie immer völlig kaputt, weiß nicht mehr, was sie gesagt hat und was nicht.

+ Die Ampel wird grün. Jemand hupt. Er fährt widerwillig an. Er denkt an die nun folgenden Stunden. Er hat es über, für diese miese kleine Klatschzeitung zu schreiben; aber nur damit kann die Auflage einigermaßen hoch bleiben. Der Reporter hat einen Termin bei einer alten Filmdiva. Er will umkehren. Den Firmenwagen beim Verlag abgeben und kündigen. Endlich einen großen, wichtigen Artikel bei einer renommierten Zeitung. Unabhängig. Ein Traum.

* Sie ist krank. Sie bildet sich fest ein, daß sie krank ist. Heute morgen hatte sie noch Migräne. Krank. „Anna" (sie erschrickt vor ihrer Stimme, dieser klaren Stimme, die überhaupt nicht mehr zu ihr paßt), „du kannst abräumen." Draußen ist es trübe. Die Wolken ziehen träge am Himmel. Was würde sie dafür geben, sich jetzt einfach hinzulegen, die schweren Glieder auszuruhen, die Lider fallenlassen, an die Zeit vor ihrer Karriere zu denken. Die Wanduhr tickt dumpf in die Stille hinein. Sie ist erschöpft. Sie hat alles erreicht, was man als Filmdiva erreichen kann. Was will sie noch?

+ Er biegt rechts ab. Auch Villen können trostlos und tot aussehen. Hoffentlich fängt es nicht an zu regnen. Noch zwanzig Minuten. Dann wird er wieder freundlich und interessiert und von seiner Zeitung überzeugt auftreten. Bei einer alten einsamen Ex-Diva. Man muß sich das einmal vorstellen. Hoffentlich ist sie wenigstens intelligent. Er kommt sich dreckig vor. Es kotzt ihn an, in der Vergangenheit anderer Leute herumzuwühlen. Es geht ihn nichts an. Aber man kann nie etwas werden, wenn man das als Reporter erkannt hat, oder?

* Über die Jugendstillampe läuft eine Fliege. Die macht sich keine Gedanken, ob sie einen Reporter einläßt oder nicht. „Ich bin krank, schwer krank." Das hatte sie die vorigen Male auch schon gesagt. Sie kann nicht schon wieder absagen, oder? Sicher ist er schon auf dem Weg. Sie blickt auf die alte Wanduhr. Sie tickt, tickt, bleibt niemals stehen. In zehn Minuten müßte er da sein. Sie seufzt, erhebt sich in dem enganliegenden Kleid, bald wird sie es nicht mehr tragen können, ihre Figur ist zu plump geworden, die Beine müde. Sie hat keinen Spaß mehr, sich zu schminken, ihre fröhliche Maske aufzulegen. Anna läßt dies aber nicht zu. Was will die Zeitung von ihr? Warum lassen sie sie nicht in Ruhe?

+ Er ist mal wieder zu früh; Berufskrankheit. Das Tonbandgerät aus dem Kofferraum holen. Hat er sich gut informiert? Ein flaues Gefühl in der Magengegend. Immer dasselbe. Hoffentlich gibt es heute Neuigkeiten für ihn. Er braucht wieder Sensationen. Sie ist bestimmt besoffen.

* Sie braucht ihn eigentlich doch gar nicht einzulassen. Aber sie hat es immer getan. Früher, da hatte sie Spaß an Interviews. Da galt sie als beliebter Gesprächspartner. In Gedanken war sie ans Fenster gewandert. Dieses Haus, dieser Garten – wie kotzt mich dieser Anblick an. Sie fröstelt. Ihre dünnen Finger greifen zur Strickjacke. Sie sieht den Cognac im Regal. Früher hat sie sich in diesen Situationen ordentlich vollaufen lassen und sich dabei furchtbar gefühlt. Das Trinken hat sie krank gemacht. Seit dem Tod ihres Mannes hatte sie es aufgegeben. Was die Journalisten wohl von ihr denken? Sicher: Die fette, alte Wachtel, säuft und säuft. Wie leicht könnte sie jetzt zu einem Glas greifen und sich einen ordentlichen Schluck genehmigen.

+ Noch fünf Minuten. Er kann schon hingehen. Gleich regnet es. Moos wächst in den Ritzen der verwitterten Steintreppe. Niemand denkt an ihn. Nur vielleicht diese alte Schrulle mit ihrem doofen Leben. Wen das wohl interessiert? Morgen steht ein Artikel über sie in der Zeitung. Die Leute

werden ihn lesen und ihn weglegen. Niemand wird an ihn denken. Man wird es wieder vergessen. Morgen kündigt er. Die Klingel schrillt. Er hat alles vergessen. Jetzt zählt nur noch der Augenblick.
* Was ist noch mit ihr los? Ausgedorrt. Tot schon von innen. Nur noch ihr Äußeres lebt. Ihr Mund, ihre Stimme, ihr Lächeln. Ich werde absagen. Sicher kommt er sowieso viel zu spät. Er wird wohl noch nicht unterwegs sein. Erst fünf vor.
Das monotone Ding-Dong-Ding-Dong schreckt sie aus ihren Gedanken.

Jovanca (13) und Katrin (13): Die Tanzstunde

* Die Sonne brannte auf ihrer blassen Haut. Wie gerne würde sie bei diesem Wetter schwimmen gehen – aber tanzen!!!
+ Er sortierte die Platten auf dem Pult. Rückte das Mikro zurecht. Die Hitze in der Halle war unerträglich. Er würde viel lieber im Garten auf dem Liegestuhl liegen und schlafen. Seine blasse Haut bräunen. Dämliche Gören!
* Die Jungs können dort sowieso nicht richtig tanzen, die haben überhaupt kein Gehör dafür. Den Foxtrott üben wir schon seit zwei Stunden, und keiner kann ihn bis jetzt richtig tanzen.
Ah, dieser Lehrer hat auch keine Geduld mit uns. Da bringt es ja überhaupt keinen Spaß.
+ Zwei Stunden hatten sie schon gehabt. Trotzdem konnten sie die Schritte nicht. Foxtrott. So einfach! Und dann dieses Gekreische. Gezeter. Schrecklich. Schließ die Tür ab. Häng das Schild „Geschlossen" aus. Schrecklich, dieses Gekreische.
* Es kam eine leichte Brise auf. Erleichtert stellte sie sich in den erfrischenden Wind. Puh, diese Hitze!
+ Die Sonne schien in den Saal. Hitze. Sein Lieblingsliegestuhl. Er lag darin, die Sonne knallte auf seinen Bierbauch.
* Sie fing an, die Melodie vom Foxtrott zu summen, und begann, mit schnellen Umdrehungen und geschickten Schritten auf dem Gehweg zu tanzen. Eine alte Frau starrte sie entgeistert an. Sie wurde rot. Nein, ist das peinlich, vor all den Leuten.
+ Gräßlich, diese Kinder! Kein Benehmen. Sie nervten ihn. Foxtrott! Den konnte er schon mit sechs. So einfach! Warum schloß er nicht die Tür ab? Hängte das Schild „Geschlossen" aus?
Er schritt durch den Saal. Der schöne Parkettboden. So sauber und blank. Gleich würde er dreckig werden durch die ausgelatschten Straßenschuhe.
* Von fernher blitzten schon die Schilder der Tanzschule in der Sonne. Ach, schon da. Jetzt muß ich es wieder über mich ergehen lassen. Dieser Lehrer, diese Jungs.
+ Er hörte schon ihr Geschrei. Seine Stimme heiser und krächzend dazwischen: „Wir beginnen mit dem Grundschritt. Stellt euch auf!"
Er sah auf die Uhr: 15.55. Noch fünf Minuten.
* Sie atmete noch einmal tief ein und griff nach der in der Sonne glänzenden Türklinke.
+ Er sah, wie sich die Türklinke bewegte. Diese Gören!

Außen – innen

Aufgabe: a) Stelle dir vor, du bist ein Fotograf oder Kameramann auf der Suche nach einer interessanten Person als Motiv. Du gehst also los und triffst auf eine Person, die dich interessiert. Fasse nun in Worte, was du siehst, also nur das, was du von außen beobachten kannst, ohne die Person zu kennen. Dabei kannst du

– dir die Person ausdenken, eine Figur in deiner Phantasie entstehen lassen,
– an eine Person denken, die du kennst und dir gut vorstellen kannst, die aber im Moment hier, wo du schreibst, nicht anwesend ist,
– dir in diesem Raum oder draußen auf dem Schulhof, auf der Straße, in der Bahn, im Bus oder sonstwo einen Menschen aussuchen, den du beschreibst, als ob du ihn abmaltest oder abfotografiertest.

b) Die Beschreibungen werden ausgetauscht (verlost), so daß jeder Schüler den von einem anderen verfaßten Text vor sich hat. Nun lautet die Aufgabe: Schreibe die Gedanken, Gefühle, Wünsche usw., kurzum, die Innensicht dieser dir unbekannten Person auf.

Erläuterungen: Manche Schreiber haben Mühe, sich in eine Figur hineinzuversetzen: Sie neigen dazu, sie nur von außen zu beschreiben und dann eine – ebenfalls äußerliche, also nicht aus den Figuren hervorgehende – Handlung zu erfinden. Es entstehen wenig plastische, wirklich lebendige Figuren, mit denen die Schreiber selbst unzufrieden sind. Auf dieses Problem reagiert die Aufgabe, indem sie dazu zwingt, Äußeres und Inneres zu verbinden.

Schwächere Schüler sind dankbar für einige Hinweise zu dem, was sie beschreiben können:

– Allgemeine Umgebung: Stadt, Straße, Haus, Zimmer
– Kleidung
– mögliche Tages- und Jahreszeiten
– mögliche Situationen: Aufwachend / Die Türklinke in der Hand / Auf der Rolltreppe / Im Kaufhaus / Am Fenster / Vor dem Spiegel / Nach Hause gekommen ...

Es erhöht die Spannung, wenn den Teilnehmern zunächst nicht bekannt ist, wozu die Beschreibungen benutzt werden sollen.

Vorgelesen wird erst, wenn sowohl die Außen- wie die Innensicht fertiggestellt ist. Dabei ist es sinnvoll, zunächst nur die Außensicht vorzulesen und die anderen Teilnehmer mutmaßen zu lassen, wie die Innensicht wohl aussieht.

Es hat sich als günstig erwiesen, diese Aufgabe im Vorfeld oder Zusammenhang mit der Aufgabe „Aufeinander zu" (S. 54) durchzuführen.

Erfahrungen: Bei der Auswahl der zu beschreibenden Person ist es auffällig, wie jugendliche Schreiber bei freier Wahl der Alternativen den Gang nach draußen, das Beschreiben einer fremden Person auf der Straße, einem Platz oder auch in Geschäften vorziehen. Oft verwickeln sie die Beschriebenen dabei auch in Gespräche oder werden selbst angesprochen.

Es macht einen besonderen Reiz der Textbesprechungen aus, wenn zu der Phantasie des Innenperspektiven-Schreibers der Autor der Außenperspektive dann doch noch etwas zur beschriebenen Person erzählen kann.
In Gruppen älterer Schüler wurde häufiger die Möglichkeit gewählt, über einen abwesenden, aber dem Schreiber bekannten Menschen in der Außenperspektive zu schreiben. Für die Schüler war dabei die Erfahrung wichtig, bei ihnen oft nahestehenden Personen zwischen äußerer Wahrnehmung und vielfach nur projizierten, bloß angenommenen Innensichten zu unterscheiden. Das führte dann zu der Frage: Wie sehen wir überhaupt den anderen, wie machen wir uns ein Bild von ihm? Für die Schüler war es auch besonders spannend, welches „Innenleben" ein Schüler, der diese Person nicht kannte, aufgrund der Außenbeschreibung in sie hineinlegt. Oft war man verblüfft, daß tatsächlich Charakterzüge oder Umstände der Person getroffen wurden.
Die Beschreibung einer völlig fiktiven Person findet selten statt – wobei nicht entschieden ist, ob dies zu schwer ist oder einfach weniger reizvoll.

Zeitbedarf: Aufgabenstellung 5 Min., Außensicht 30–45 Min., Verlosen 10 Min., Innensicht 20 Min., Vorlesen und Besprechen pro Schüler 4 Min.

Beispiel: Harald (15): Außensicht

Er steht inmitten eines dichten Verkehrsgewimmels auf einer Verkehrsinsel, ein ruhender Pol inmitten von Bewegung.
Er ist gerade dabei, die Ärmel seiner Wolljacke zurückzuschlagen, um mit spitzen Fingern einen Werbezettel aus dem drahtigen Müllkorb zu fischen.
Seine Augen sind wasserklar und von einer eigenartigen Konsistenz. Mit schnellen, trippelnden Schritten überquert er die Straße. Seine schwarze Haarmähne beginnt lustig auf- und abzuwippen. Hinten erinnert sie an dichtes, verfilztes Fell, das sich in der Stirn zu kräuseln beginnt.
Er steckt das Blättchen in eine Innentasche seiner braunen Jacke. Mit kurzen, nervösen Bewegungen beginnt er, sie zuzuknöpfen, wobei seine Hand leicht zittert.
Der würzige Geschmack seiner Zigarre liegt in Obertönen in der Luft. Ein Vollbart bedeckt sein Gesicht.
Er schnürt sich sein blaugemustertes Halstuch, setzt seinen Rucksack wieder auf, den er bis dahin in der Hand getragen hat und beginnt, die Straße entlang zu gehen.
Er geht, als hätte er alle Zeit der Welt; die Hände in den Taschen und den Kopf unternehmungslustig hin- und herpendelnd.
Er hält nur kurz an, um einen Blick auf den Wirtschaftsteil der in einem Schaufenster ausgestellten „Bonner Rundschau" zu werfen, wobei er sich auf die Zehenspitzen stellen muß, um die obersten Zeilen zu lesen.
Er bewegt sich behende und mühelos. Eine Bierflasche auf dem Gehweg kickt er mit einem ärgerlichen Grinsen die Bordsteinkante hinunter. Seine Schuhe sind alt und verstaubt und zeugen von einer langen Reise und dem ständigen Kontakt mit Straßenstaub und dem Unbill des Wetters. Sie haben ihre braune Farbe fast völlig verloren und sind an den Rändern eingerissen.

Auf seiner Hose kann man Nadelstreifen erkennen, die sich jedoch vom verstaubten Blau der Hose kaum abheben.
Pfeifend steigt er in eine gerade anhaltende Straßenbahn.

Friederike (15): Innensicht

In der Straßenbahn war es warm, und man roch Stadtstaub und Menschen. Er setzte sich auf den Fensterplatz ganz vorne beim Fahrer und ließ die Stadtlandschaft an sich vorübergleiten. Häuser, Häuser, Kirche, Karstadt, Häuser, Drogerie, Häuser, Häuser, Häuser, Friseur, Mauer, Häuser, Häuser, Häuser ...
Die Straßenbahn begann sich zu leeren, die Häuser wurden kleiner, vereinzelter. Gärten lagen hinter den Bürgersteigen. Vorstadt.
In so einer Vorstadt hatte er auch einmal gewohnt. Wie lange mag das her sein – fünfundzwanzig, dreißig Jahre? Jedenfalls gab es da auch solche Gärten, und die Mama hatte Teerosen gepflanzt, alles voll mit Teerosen. Und niemand durfte die Dinger anfassen – „Meine Teerosen!", sagte die Mama stolz, wenn Besuch kam, und er hatte sich damals vorgenommen, auch einmal solch einen Garten zu besitzen und auch solche Teerosen darin zu züchten. Na, daraus war nun nichts geworden, und mit der Mama war er auch schon seit Jahren verzankt. Wegen der Brigitte – weil die Mama die Brigitte nicht leiden konnte, und weil er doch die Brigitte heiraten wollte.
Und jetzt war die Mama weg, und die Brigitte war weg, und als sie damals die Tür zugeschlagen hatte, da hatte sie gerufen, daß er, Hans, einfach nicht fähig sei, zu leben und nie selbständig werden würde und noch allerhand andere schlimme Sachen, und dann war sie auf und davon. Und von da an meinten seine Freunde von früher, ging es bergab mit dem Hans.
Die Straßenbahn hielt, Leute stiegen aus.
Es fing damit an, daß er sich die Haare nicht mehr schnitt und den Schlips gegen das Halstuch vertauschte, und dann war ihm plötzlich alles egal gewesen, und er hatte seinen Arbeitsplatz gekündigt und ... oh, verdammt, jetzt nicht an die Monate danach denken. Diese Zeit war furchtbar gewesen; er erinnerte sich an sie nur noch wie an einen dumpfen, stickigen Dunst. Irgendwann hatten sie ihn dann auf die Straße gesetzt – wegen der Miete – und dann ... tja ...
Die Straßenbahn hielt, eine junge Frau mit einem Einkaufsnetz stieg aus. Er war jetzt außer dem Fahrer der einzige Mensch in der ganzen Bahn. Draußen schleppten sich noch immer die Vorgärten entlang, ordentlich aneinandergereiht wie Schachteln auf einem Fließband.
Ja, und seitdem hatte sich viel in ihm verändert. Er strich jetzt überall herum, übernachtete mal hier, mal dort, manchmal bei einem seiner früheren Freunde, aber das kam nur ganz selten vor; sicher, es war oft ziemlich kalt nachts, aber lieber frieren als irgend jemandem zur Last fallen, sagte er sich. Von Zeit zu Zeit fragte er sich natürlich, ob er mit seinem Leben eigentlich so zufrieden sein durfte, wie es jetzt war, und oft war er im Zwiespalt, wie es weitergehen sollte. Die Mama ... die Brigitte ... die Parkbank ... die Straßenbahn ...
Die Straßenbahn ruckte, stöhnte, Endstation; und plötzlich wußte Hans, was zu tun war. Er übersprang die Trittbretter, überquerte die Ampel bei

Rot und passierte im Laufschritt die schläfrigen Vorgärten auf der anderen Straßenseite, bis er einen erreichte, der ihm passend erschien. Er überkletterte den niedrigen Zaun, kniete sich nieder, kramte in seinem Rucksack und holte eine struppige Zahnbürste hervor. Kichernd bohrte er sie mit dem Stiel in die weiche, sorgfältig geharkte Vorgartenerde, bis sie dort wie ein greller, mahnender Zeigefinger steckte und brach sich dafür laut lachend eine Teerose vom Stock.

Tanja (14): Außensicht

Der einsame Mann am Teich

Ich schlendere verträumt um den kleinen See und blicke zu dem jungen Mann am anderen Ufer. Er sitzt dort auf dem Pflaster, umgeben von Enten, die er liebevoll füttert. Ich gehe zu ihm, und er sieht mich mit seinen offenen Augen erschrocken an. Dann blickt er wieder zum Boden. Er fährt sich mit seiner Hand durch das braungewellte Haar. Mit der anderen berührt er sanft die Tiere um sich herum. Sie lassen sich streicheln von ihm, und sie genießen es. Fröhlichkeit ist unter ihnen, nein, Fröhlichkeit kann man es nicht nennen. Ich glaube, sie sind alle einfach nur zufrieden, sonst nichts.

Langsam erhebt sich der leicht füllige Mann, noch ein trauriger Blick zu den Enten, und dann geht er. Mich beachtet er nicht, wahrscheinlich will er mich nicht sehen. Ich habe ihn gestört in seinem Alleinsein.

Seine Hände vergräbt er in der hellbraunen Lederjacke, und die Jeans schlappert verloren um seine stämmigen Beine. Mit vorgebeugtem Oberkörper trottet er den Weg entlang und schaut noch einmal zu den Enten, nicht zu mir. Ich sehe ihm nach, wie sein Blick starr nach unten gerichtet ist. Dann verschwindet er hinter den Bäumen, einsam und allein.

Roswitha (14): Innensicht

Der einsame Mann am Teich

So ein Mist! Schon wieder abgewiesen worden. Und das schon das fünfte Mal. Warum mußte ich auch damals ohne Abschluß von der Schule fliegen. Das konnte doch nicht gutgehen. Nutzlos sitze ich jetzt hier jeden Tag, muß mich mit diesen Viechern abgeben. Nein, das stimmt nicht. Noch vor dem Krach zu Hause bin ich hierhergekommen, und ich mag nun mal Enten. Sie sind die einzigen Lebewesen auf der Welt, die zutraulich zu mir kommen und sich von mir genüßlich streicheln lassen ... Sogar meine Freundin hat mich verlassen, kein Wunder, ich konnte noch nicht einmal ins Kino mit ihr gehen. Einsam bin ich jetzt, allein. Früher, da war das alles anders. Da hatte ich viele Freundinnen und Freunde, aber was soll ich vergangenen Zeiten nachtrauern. Mein Leben ist gelaufen.

Nanu? Was will die denn hier? So was Dummes, sie setzt sich mir gerade gegenüber. Was die wohl von mir hält, jung, und doch schon so nutzlos, wie ich es bin. Ich habe mein Leben eben verspielt; was ich führe, das ist doch nur ein elendes Schattendasein. Wie weich sich die Federn unter meiner Haut anfühlen ... Ein Tier müßte man sein, frei, unschuldig und nicht bestimmt von Geld, Gesetz oder Macht.

Ich glaube, ich muß jetzt gehen. Aber warum? Auf mich wartet doch nichts. Ihretwegen. Ich habe ihr kurz ins Gesicht geblickt; sie sieht mich an. Ich schäme mich. Ich werde jetzt gehen.

Rückwärtsgeschichte

Aufgabe: Eine Kurzgeschichte gilt als verschollen. Nur noch die letzte Seite ist erhalten geblieben. Aufgabe: Schreibe diese letzte Seite.
Nachdem jeder einen Schluß geschrieben hat, werden die Texte verlost, und es folgt die nächste Aufgabe: Schreibe den Mittelteil der Geschichte! Nach erneutem Verlosen der Mitte-Schluß-Kombinationen wissen schon alle Bescheid: Es gilt, den Anfang zu schreiben, um endlich eine ganze Geschichte zu erhalten. Der Schreiber des Anfangs versieht die Geschichte schließlich mit einer Überschrift.

Erläuterungen: Die Aufgabe schärft den Blick für verschiedene Schreibstile, da jeder Schreiber sich in einen anderen Stil hineinfinden muß.
Der erste Schreiber, der den Schluß schreiben soll, muß eine noch nicht vorhandene Geschichte zu einem einleuchtenden, vielleicht sogar pointenhaften Ende bringen, ohne eine ganze Geschichte zu erzählen. Der Schreiber des Mittelteils wird vom Schluß-Schreiber in eine bestimmte Erzähllogik gezwungen, muß dem vorliegenden Schluß zuarbeiten und möglichst auch den Stil aufnehmen. Am schwersten hat es der letzte, für den Anfang zuständige: Oftmals ist die Geschichte schon ausreichend erzählt; zudem liegen Stil und Handlung fest oder auseinanderstrebende Handlungsstränge sind kaum noch zu vereinbaren.

Erfahrungen: Unerfahrene Schreiber neigen dazu, statt einer Schlußseite schon eine möglichst runde Geschichte abzuliefern, mit der es der nächste Schreiber schwer hat, weil er sie als fertig empfindet. Auch wird oft in den Schlüssen auf eine Fülle von Nebenhandlungen, Personen etc. angespielt, die die nächsten Schreiber zu entwickeln nur schwer in der Lage sind.
Im Gespräch wird auf logische Brüche verwiesen. Oft stellen die an einer Geschichte beteiligten Schüler erst jetzt Rezeptionsfehler fest. Deshalb sollte schon bei Beginn der zweiten Schreibphase (Mittelteil) angesagt werden: Genau lesen!

Variante: Eher den Charakter eines Schreibspiels hat die Rückwärtsgeschichte „Satz für Satz“: Jeder Schüler sitzt vor einem leeren Blatt und schreibt den letzten Satz einer Geschichte unten auf die Seite. Er gibt das Blatt seinem Nachbarn. Dieser schreibt den vorletzten Satz der Geschichte darüber und gibt das Blatt weiter. Usw. Allmählich entsteht die Geschichte – von hinten her.
Sind weniger als fünfzehn Schüler vorhanden, empfiehlt sich eine zweite Runde, bevor vorgelesen wird. Wer letzte Hand anlegt, findet auch eine Überschrift.

Zeitbedarf: Schreiben jedes Teils 20–30 Min.; Vorlesen und Besprechen pro Gesamtgeschichte (3 Teile) 5–10 Min.

Beispiel: Saskia (16), Nadjib (16), Sonja (15): Das furchtbare Wissen

Sie haßte es. Sie haßte diese Gabe. Es mochte ein wunderbares Geschenk sein, aber sie konnte es nicht kontrollieren, und damit wurde es zum Fluch.

Sie bemerkte es, als sie fünf war. Sie mochte es, Geschenke zu kriegen, aber vor solchen hatte sie Angst.

Es war damals nur wenig gewesen.

In ihren Gedanken hatte die Katze den Vogel angefallen. Sie hatte sich da noch nicht in den Garten gewagt, aber am nächsten Tag hatte sie dann doch allen Mut zusammengenommen und das Rotkehlchen unter der Kiefer begraben.

Das war vor elf Jahren, und das Geschenk war größer geworden. Es überfiel sie krampfartig. Sie wünschte sich nur, es kontrollieren zu können.

Sie konnte es aber immer gut geheimhalten.

Auch jetzt war es da, stark, sehr stark. Sie mußte etwas tun. Das Geschenk befahl es ihr mit unerbittlicher Härte. Sie nahm den Telefonhörer ab, wählte und sprach zu der Stimme am anderen Ende. Sie war wie in Trance, wußte aber, daß dieser Anruf wichtig war, obwohl sie die Nummer nicht kannte. Wichtig an diesem besonderen Frühlingstag.

Sie legte sich hin, schloß die Augen, dann war das Geschenk deutlicher. Es wurde klarer, und sie sah und hörte, als wäre sie dabei.

(Schreiberwechsel)

„Das ist bereits das 27. Kaninchen an diesem Tag. Wenn das so weitergeht, gebe ich die ganze Versuchsreihe auf!" Professor Otten strich sich über die Haare und blickte erzürnt das tote Kaninchen an.

„Professor Otten, Sie dürfen auf keinen Fall aufgeben, denn wenn Sie mit Ihrer Theorie recht haben, so könnte ein erfolgreicher Versuch ein Durchbruch in der Krebsforschung sein!" Seine Assistentin zog die Kanüle aus der geschwollenen Pfote.

„Ich weiß, ich weiß!", erwiderte der Professor und fuhr nach einer kurzen Denkpause fort: „Irgendwas stimmt nicht. Irgendwo ist ein Fehler. Ich weiß aber nicht, ob nur ein kleiner Rechenfehler, oder aber ein Denkfehler daran schuld ist, oder ob meine Theorie sinnlos ist. Vielleicht hatte Dr. Braddock doch recht, als er meinte, daß Krebs nur durch eine ausgewogene Verbindung der bereits vorhandenen Heilmethoden und durch einen verstärkten Einsatz der zytostatischen Behandlung im Zusammenhang mit einer Ozontherapie wirksam bekämpft werden kann." Der Professor setzte sich auf einen Stuhl und starrte auf den Fußboden.

„Sie dürfen jetzt nicht den Mut verlieren. Ich glaube an Ihre Theorie, und ich bin fest überzeugt davon, daß Ihre direkte hämatogene Oxydationstherapie der Durchbruch wird!"

„Na gut, wenn Sie es sagen, Barbara. Ich schlage vor, wir ändern die Dosis auf 100:1. Bereiten Sie alles vor und holen Sie das Kaninchen 29b. Ich glaube, dort ist der Krebs schon in einem fortgeschrittenen Stadium.

Minuten später lag das Kaninchen auf dem Tisch. Professor Otten schaute gespannt den Reaktionen zu. Die Spannung

(Schreiberwechsel)

wurde unerträglich. Der Schmerz kroch langsam von seinem Fußknöchel immer höher, bis schließlich sein ganzes Bein von Krämpfen geschüttelt wurde. Die angstverzerrten Augen schienen aus dem Kopf hervorzuquellen, und fast meinte man, einen Schrei vernehmen zu können, als die gelbliche Flüssigkeit durch die Kanüle in den Körper eindrang.
Als die Tierschützer das Labor stürmten, war das Kaninchen schon fast verendet. Vorsichtig zog einer die Kanüle aus der geschwollenen Pfote. „Eine Schande ist das. Und so etwas passiert auch am Welttierschutztag!"

Nadjib (16), Ann-Sophie (16), Anja (16): Badewannen-Boogie-Woogie

„Ich gehe jetzt!" Diesen Satz kannte er; denn sie sagte ihn immer, wenn sie wegging. Sie sagte niemals „Tschüs" oder „Tschütschü", immer nur diesen simplen Satz. Sie sagte nicht einmal, wohin oder warum sie ging, nur daß sie ging. Manchmal trieb es ihn beinahe zum Wahnsinn, nicht etwa weil er wahnsinnig gewesen wäre, nein, er war nur krankhaft eifersüchtig. Für ihn war das ein gewaltiger Unterschied. Eines Tages hatte er sie gefragt, ob sie nicht seine Lebenspartnerin werden wolle, nicht eheliche Partnerin, nur so, ohne Trauschein. Sie hatte daraufhin gemeint, daß es noch Zeit hätte. Als er sie fragte, wieviel Zeit es denn noch hätte, sagte sie nur: „Sehr viel Zeit." Seit dem Tag stand es für ihn fest: In ihrem Leben gab es noch einen weiteren Mann. Ihm war es egal, ob ein Ehemann oder nur ein Freund, Hauptsache, irgend jemand stand in ihrem Leben, ein Konkurrent. Er steigerte sich immer mehr in diese Vorstellung. Eines Tages, als sie bereits nach einer Stunde trauter Zweisamkeit weggehen wollte, stellte er sie zur Rede.
(Schreiberwechsel)
Er schrie sie an. Diesmal würde er sich ihr falsches Spiel nicht länger gefallen lassen! Sie tauchte auf, wenn es ihr paßte, und sie verschwand auch wieder, wenn sie es wollte, *sie.* Er wurde nie gefragt. Sie verschwand, ja, das war der richtige Ausdruck; denn wenn sie weg war, lag es an ihr, zu ihm zu kommen. Er kannte ihre Adresse nicht, und auch in dem Lokal konnte ihm niemand Auskunft über sie geben. Sie schrie ihn an, er sei ein Idiot, und verließ die Wohnung.
Wütend warf er die Tür hinter ihr ins Schloß. Dann ging er in die Küche und holte sich etwas zu essen. Seine Hände zitterten, und er spürte, daß ihm der Schweiß auf der Stirn stand. Es hatte ihm doch stärker zugesetzt, als er gedacht hatte.
Er ging ins Bad und steckte den Kopf unter das kalte Wasser.
(Schreiberwechsel)
Er mampfte sein Schwarzbrot mit Schmierkäse, und jetzt erst merkte er, daß sie die Telefonnummer auf den Spiegel geschrieben hatte. Er sank zu Boden und wußte, daß es zu spät war. Er malte sie an und schnitt ihr die Augen heraus. Als sie kam, lachte sie über das Foto und ließ Badewasser ein; er schmiß den laufenden Fön hinterher.
Sie zuckte noch lange im Wasser.

Bausteingeschichte

Aufgabe: Schreibe je einen Mittelteil, ein Ende und einen Anfang verschiedener Geschichten.

Die Anfänge, Mittelteile und Schlüsse werden jeweils für sich gemischt und verlost.

Dann lautet die Aufgabe: Mache aus den drei – wohl kaum zueinander passenden Teilen – *eine* Geschichte, indem du dazu Überleitungen erfindest.

Erläuterungen: Das Schreiben von Mittelteilen, Anfängen oder Schlüssen ist leichter, wenn die Schüler durch Ich-Du-Er-Geschichten (S. 74) und Rückwärtsgeschichten (S. 63) mit derlei Aufgaben schon vertraut sind.

Das Verlosen sollte so geschehen: Zunächst werden die Anfänge verteilt; wer seinen eigenen erwischt hat, gibt ihn zurück und erhält einen neuen. Dann kommen die Mittelteile dran, zum Schluß die Schlüsse.

Soll aus den Teilen eine Geschichte gemacht werden, entscheidet der neue Schreiber autonom über die Verwendung seines Materials: Er darf auch einen Schluß als Anfang verwenden. Es ist auch gestattet, Kleinigkeiten wie Namen, Zeit- und Ortsangaben zu verändern, wenn das für die neue Geschichte nötig ist.

Weil teilweise ungewöhnliche Lösungen gesucht und gefunden werden müssen, fordert diese Aufgabe die Kreativität heraus und schult die literarische Phantasie in besonderem Maße.

Das Gespräch über die entstandenen Texte lädt dazu ein, Alternativen der Verknüpfung divergenter Textteile zu suchen; die Notwendigkeit einer stringenten Figurengestaltung, der einheitlichen Ausgestaltung des Erzählraumes wird besonders an nicht so ganz gelungenen Lösungen deutlich.

Erfahrungen: Ging das Schreiben der Anfänge, Mittelteile und Schlüsse noch recht einfach vonstatten, zeigte sich nach der Verlosung die große Herausforderung: Völlig auseinanderliegende Handlungsräume, die unterschiedlichsten Figuren und Erzählweisen mußten nun miteinander vereinbart werden.

Zuweilen mußten die Schüler ganze Plots neu entwerfen, in die sie die Einzelteile dann einbetteten. In einem Fall wurde ein Schluß der Figur eines Anfangsteils als innerer Monolog in den Mund gelegt; in einem anderen Fall wurde ein in einem Mittelteil beschriebenes Ereignis als Inhaltsangabe eines gerade gesehenen Filmes wiedergegeben, die ein Partygast einem anderen erzählt. Ein weiteres Mal reichte die Anfügung eines Schlußsatzes, um den drei Teilen einen, wenn auch etwas surrealistischen, Sinn zu geben.

Zeitbedarf: Das Schreiben der Anfänge, Mittelteile und Schlüsse gelingt zumeist in insgesamt 30 bis 40 Minuten. Das Verbinden der Teile nach dem Verlosen sollte in einer weiteren halben Stunde beendet sein. Da die Texte nun sehr lang werden, braucht jeder eine Vorlese- und Besprechungszeit von mehr als zehn Minuten. Es existieren so viele Bausteingeschichten wie Teilnehmer bei dieser Schreibaufgabe!

Beispiel: Der Auftrag (Anfang von Johannes [16], Mittelteil von Michael [16], Schluß von Clea [15], Überleitungen von Anja [16]):

Die Sekretärin führte ihn in ein helles, geräumiges Zimmer. Er nahm in einem der bequemen Lederstühle Platz, griff sich eine Illustrierte von dem kleinen Rauchglastisch, wartete. Es dauerte nicht lange, da ging die Tür auf und ein Mann trat ein: elegant gekleidet, dezenter Nadelstreifenanzug, die Krawatte offensichtlich gehobene Preisklasse.
„Herzlich willkommen in Amsterdam, Herr Wranitzky!", tönte der gebürtige Holländer mit leichtem Akzent. (Anfang)
„Heil Hitler!" Wranitzky hob seinen rechten Arm in die Höhe.
„Sie wissen, warum Sie hier sind. Wir haben gehört, daß Ihre Leute sehr zuverlässig sind."
„Natürlich." Wranitzky sah zum Bild des Führers hin.
„Entartete Kunst!" Der Holländer holte einen Aktenkoffer hervor. Wranitzky kam aus Ostpreußen. Dort hatte er Kunst studiert, bis er in die Dienste der Reichskulturkammer trat. Wranitzky sah kurz nach den Bildern des Malers Emil Nolde, war insgeheim tief beeindruckt von den gezielten Pinselstrichen.
„Diese Bilder, die Sie hier sehen, stehen unter staatlichem Verschluß. Aber es sind noch nicht alle. Unser Geheimdienst hat eine Villa erkundet, wo sich noch so ein Schmierwerk befindet. Sie haben nun die Aufgabe, dieses ‚Kunstwerk' zu identifizieren und gegebenenfalls zu zerstören."
Am nächsten Morgen ging Wranitzky mit seiner Agentin Paula Kalinski zu dieser Villa, die verlassen an einem Waldrand stand. Nach einiger Zeit kamen die restlichen Agenten dazu und wollten nun die Villa stürmen. Aber Wranitzky hielt sie auf. Er wollte allein gehen. Stumm sahen sie zu. Vorsichtig öffnete er die Tür des Gebäudes. Da, ein Schuß! Aber sie hatten ihren Befehl. (Überleitung)
Doch plötzlich wurde das Gebäude (wieder) von einem dumpfen Knall erfüllt. Erschrocken wichen sie ein Stück zurück. Das konnte doch einfach nicht wahr sein! Sollten sie es wagen, doch das Gebäude zu betreten, in dem ihre Hilfe so dringend benötigt wurde? Keiner sprach ein Wort, aber alle dachten in diesem Moment dasselbe.
Es war ihr Job, ihre Aufgabe, sie waren dazu jahrelang ausgebildet worden. Als einer mit einem Kopfnicken langsam und noch etwas unsicher auf das Gebäude zuging, wagte keiner, zu widersprechen. Es mußte sein. (Mittelteil)
Als er das Gebäude betrat, sah er seinen Kommandanten Wranitzky und daneben den Maler Emil Nolde tot auf dem Boden liegen. Er hatte das Bild mit einem dünnen Tuch verdeckt. Er deckte es ab und erschrak – von der Schönheit geblendet. (Überleitung)
Er sah noch immer starr auf ihr Gesicht. Ihre blonden Locken umrahmten so lieblich und zart das sanfte Gesicht. Er liebte ihren Anblick. Stets sah sie gleich perfekt aus, wie den Tag zuvor. Ein hübscher, holder Engel. Die Wirklichkeit hätte nicht vollkommener sein können. Er mußte sie vernichten. Eine solche Schönheit zu sehen, sie aber niemals besitzen zu dürfen, war unerträglich. Er war wirklich unglücklich. Schweren Herzens zog er seine Pistole, zielte auf ihre Stirn. Der Schuß hallte durch die Flure. Mit einigen Sekunden Verspätung fiel das Bild mit Getöse zu Boden. (Schluß)

Ich-Geschichte, Du-Geschichte, Er-Geschichte

Aufgabe: Schreibe einen Ich-Text, einen Du-Text oder einen Er-Text. Probiere etwas aus, was du bisher in deinem Schreiben nicht bevorzugt hast.

Erläuterungen: Viele Schüler haben eine Vorliebe für eine bestimmte Erzählposition: Das ist bei einem ungeübten Schreiber oft der Ich-Erzähler; später setzen sich personale und auktoriale Erzählformen (Er-Erzähler) durch. Schon das kurze Gespräch über die als Material den Schülern vorgelesenen und vorgelegten Texte macht die Unterschiede deutlich. Die Aufgabe regt dazu an, sich einmal in einer ungewohnten Erzählweise zu versuchen.
Neu ist für die Schüler in der Regel ein Du-Text; dabei wird nur der eine Teil eines Dialoges mit einer (fiktiven) Person oder Sache wiedergegeben.
Die Aufgabe zeigt, daß die Wiedergabe von inneren Zuständen oder Ansichten nicht unbedingt an den Ich-Erzähler gebunden ist und eine Schilderung von Vorgängen z. B. auch in einem Du-Text geschehen kann.

Erfahrungen: Für manche Schüler war es das erste Mal, daß sie vom gewohnten Ich- oder Er-Erzähler ließen. Besonders der Du-Text regte zur Nachahmung an; dabei kamen sowohl innere Monologe als auch Selbstgespräche (Dialog mit dem „inneren Schweinehund") als auch fiktive Dialoge mit Gegenständen heraus – eine gute Möglichkeit, Befindlichkeiten ohne das oft peinliche „Ich" mitzuteilen.
Es zeigte sich, daß die Aufgabe zum Experiment ermutigt und geeignet ist, auf dem Wege zur Erprobung modernerer Schreibweisen überkommene Schreibhaltungen zu überwinden.
Die Besprechung der entstandenen Texte ist bisweilen schwierig, da ein Ich- oder Er-Text durchaus auch Dialoge und damit ein „Du" enthalten kann.

Zeitbedarf: Für das Schreiben reichen 20 bis 30 Minuten. Das Gespräch über einen Text (einschließlich Vorlesen) dauert dann länger als fünf Minuten, wenn sich eine Diskussion darüber entwickelt, ob z. B. ein „reiner" Er-Text vorliegt.

Material: Ich-Text:

Monika Seck-Agthe:
Das Tolle an der Liebe

Ich bin zwar nicht mehr die Allerjüngste. Im nächsten Winter werde ich dreißig. Daß ich mich verliebe, wird immer seltener. Es ist schon so viel schiefgegangen. Irgendwas habe ich meistens falsch gemacht. Oft bin ich den Männern einfach zu dicht auf den Pelz gerückt.

Wenn ich mich verliebe, schlägt das ein wie eine Granate. Alles dreht sich, alles ist bunt und sprüht Funken. Ich habe das Gefühl, in den Himmel zu wachsen. Ich bin dann total aus dem Häuschen.
Es gibt Leute, die sich grundsätzlich klug verhalten, überlegt, auch wenn sie verknallt sind. Das kann ich nicht. Den Mann, in den ich verliebt bin, bombar-

diere ich mit Briefen. Ich rufe ihn an, ich schicke ihm kleine Päckchen, Postkarten, von überall, wo ich gerade bin, ich träume von ihm den ganzen Tag. Ich stelle mir vor, was ich mit ihm alles machen könnte. An einem weißen Strand liegen, in den Spessart fahren, zusammen in ein Beethoven-Konzert gehen. Oder einen ganzen Tag im Bett liegen, mit Obst und Pralinen und Wein.
Meinen Freundinnen liege ich in den Ohren, stundenlang. Ich erzähle, wie schön mein Geliebter ist, wie klug, wie erotisch seine Stimme klingt, daß er die ganzen typischen Männersachen eben gerade nicht hat, daß er sensibel ist und offen.
Manche sagen: „Du mußt etwas taktischer sein. Wenn du den so bestürmst, haut er dir ab. Der denkt ja, du willst ihn fressen. Der kriegt doch Angst."
Das will ich dann immer nicht wahrhaben. Ich sage mir, wenn einer mich richtig liebt, dann müßte er sich doch freuen, daß von meiner Seite so viel passiert. Fast jeden Tag eine Überraschung – das ist doch eigentlich schön.
Ich habe aber inzwischen selber und oft auf schmerzhafte Weise festgestellt, daß die meisten Männer es tatsächlich nicht gut aushalten, wenn man so richtig auf sie absegelt. Deshalb habe ich mit der Zeit gelernt, mich zu bremsen, wenn ich verliebt bin. Ich verkneife mir Glückwunschtelegramme, die selbstgebastelten Fotoromane, jeden zweiten Anruf, das lüsterne Ausmalen von Reiseträumen. Jedenfalls zum großen Teil (nicht alles!).
Ich habe mich schon mit vielen Männern darüber unterhalten, auch mit vielen Frauen.
Ich denke, das Schwierige in der Liebe ist, seine Gefühle so zu zeigen, wie sie sind, stark und schillernd und himmelhoch, und trotzdem nicht verschlingend zu wirken, krallig und drängelig.
Wenn man sich verliebt, verliert man manchmal den Draht zu sich selbst. Man ist total durcheinander und gerät in eine Art Abhängigkeit zu dem anderen. Wenn er einen mal schief anguckt, bricht gleich die Welt zusammen.
Das müßte anders sein. Man müßte mehr Humor haben in der Liebe. Nicht alles so tierisch ernst nehmen. Nicht gleich Krach schlagen, wenn er mal nicht zur verabredeten Zeit anruft.
Man müßte leichtfüßiger mit der Liebe umgehen. Man müßte mit ihr einen Walzer tanzen, anstatt sie auf einen Sockel zu stellen.
Das wäre was.
Jedesmal, wenn mir eine Liebe zerbrochen ist, habe ich es mir ganz fest vorgenommen: Das nächste Mal bleibst du wenigstens mit einem Zeh auf dem Teppich. Und versuchst mal zu lernen aus deinen eigenen Erfahrungen. Das ist mir bis jetzt nicht gelungen.
Ich bin mir selbst zu theatralisch in der Liebe.
Ich mag gerne romantisch schwärmen. Ich habe schon oft am Fenster gestanden und Rotz und Wasser geheult, wenn eine meiner Lieben kaputtgegangen war. Dann dachte ich: Jetzt ist alles aus. Aber das ist das Tolle an der Liebe: Solange man lebt, hört sie nie auf. Es kommt immer noch eine und noch eine. Selbst wenn man nicht damit rechnet. Oder gerade dann. Ich bin gespannt, wie es sein wird, wenn ich mich das nächste Mal verliebe. Und ich freue mich darauf.

Er-Text:

Robert Musil:
Der Mann ohne Eigenschaften

[. . .] Er stand hinter einem der Fenster, sah durch den zartgrünen Filter der Gartenluft auf die bräunliche Straße und zählte mit der Uhr seit zehn Minuten die Autos, die Wagen, die Trambahnen und die von der Entfernung ausgewaschenen Gesichter der Fußgänger, die das Netz des Blicks mit quirlender Eile füllten; er schätzte die Geschwindigkeiten, die Winkel, die lebendigen Kräfte vorüberbewegter Massen, die das Auge blitzschnell nach sich ziehen, festhalten, loslassen, die während einer Zeit, für die es kein Maß gibt, die Aufmerksamkeit zwingen, sich gegen sie zu stemmen, abzureißen, zum nächsten zu springen und sich diesem nachzuwerfen; kurz, er steckte, nachdem er eine Weile im Kopf gerechnet hatte, lachend die Uhr in die Tasche und stellte fest, daß er Unsinn getrieben habe. – Könnte man die Sprünge der Aufmerksamkeit messen, die Leistungen der Augenmuskeln, die Pendelbewegungen der Seele und alle die Anstrengungen, die ein Mensch vollbringen muß, um sich im Fluß einer Straße aufrecht zu halten, es käme vermutlich – so hatte er gedacht und spielend das Unmögliche zu berechnen versucht – eine Größe heraus, mit der verglichen die Kraft, die Atlas braucht, um die Welt zu stemmen, gering ist, und man könnte ermessen, welche ungeheure Leistung heute schon ein Mensch vollbringt, der gar nichts tut.
[. . .]

Du-Text:

Markus Pauly: Charly

Noch 'nen Rotwein, Charly! Natürlich hab' ich schon . . . – Ich kann nie genug kriegen, Charly. Natürlich bin ich verrückt, aber das weiß ich seit einem knappen Dritteljahrhundert – und wer ist heutzutage nicht verrückt? Natürlich haben das zu allen Zeiten alle gesagt. Nat . . . – ach, halt's Maul, Charly!
Du brauchst mit diesen zusammenhanglos hingeworfenen Sätzen sowieso nix anzufangen, ich bin ja doch besoffen. Immer. Von ihr, vom Wein, vom Alkohol, vom Mond, vom Leben – was macht das für einen Unterschied? Ich kenne das Leben. Lange genug – bis morgen, das reicht. Schmeiß mal Feuer 'rüber, ich werd' noch eine rauchen, eine schwarze Gitane. Nee, ich werd' Dir nich' erzählen, was ich morgen vorhabe, übermorgen steht's vielleicht in der Zeitung, ich war schon einmal dort, damals surrten hinter meinem Rücken die Kameras, und ich hatte eine Leine um die Hüfte. An einer unsichtbaren Schnur gerettet – der große Feigling, gerettet für Millionen von Kinozuschauern.
Aber heute kann man Bilder synthetisch erzeugen, da wird sogar Bogart wieder naturgetreu lebendig ins Bild gesetzt, und die Stimmen lassen sich eh schon seit Jahren künstlich erzeugen. Es ist zu platt, wenn ich Dir einfach erzähle, ich werde nicht mehr gebraucht. Natürlich werde ich gebraucht, weil ich für die Menschheit ein ganz wertvoller Mensch bin. Du kannst zum hunderttausendsten Male versuchen, mir weiszumachen, daß jeder Mensch gebraucht wird und unersetzbar ist, komm nur, los, erzähl' schon, daß niemand in der Lage ist, mir den Rotwein so einzuschenken wie Du. Ich wünsche Dir, daß John Wayne durch die Tür tritt und Dich abknallt, und in zwei Stunden würde mir ein anderer den Rotwein bringen, und der hieße

Stefan, aber (alle) würden ihn Pick nennen, weil das besser zu ihm passen würde. Das ist kein Unsinn, glaub' mir, Charly. Gestern hat Pick noch im „48" gearbeitet, weißt Du, dieser Laden, wo hinten an der Wand steht „Lebt schneller". Also ist Pick heute bestimmt schon gefeuert worden, und er würde ja auch wirklich besser in Dein Totentanzhaus hier passen. Falls er noch lebt. Man kann ja nie wissen ... Und überhaupt.
Noch einen Rotwein, Charly! Natürlich hab' ich schon zu viele Rollen in zu vielen Filmen gespielt, aber ich bringe nix durcheinander, nee, auch wenn ich besoffen bin, Charly, ich bin ich, und der bin ich schon immer gewesen, solange ich denken kann. Du nennst mich Luc, und das ist okay, andere nennen mich einfach Bill, weil man sich das so leicht merken kann, und SIE beharrte darauf, daß ich Pierrot war. Natürlich habt Ihr alle recht, weil es keine Wahrheit gibt, Charly. Die einzige Wahrheit ist die Liebe. Natürlich ist es mein Tod, daß ich an so einem Unsinn festhalte. Weißt Du was? Du bist ein großes Arsch, Charly, weißt Du das? Wahrscheinlich werde ich John Wayne sein, und Dein Blut wird den purpurroten Plüsch durchnässen. Das ist Dir wohl zu dramatisch, wie? Oder bist Du bloß überrascht, daß Du ein großes, fettes Arsch bist? Den anderen Leuten erzählen, was sie selber viel besser wissen, das nennst Du „Trost". Früher bin ich selber darauf hereingefallen, diese dummen Sprüche, „Ja-ja, ich verstehe, aber vielleicht ... Mir isses ganz genauso gegangen wie Dir ..." Und dann der Gipfel: „Nimm's doch einfach nicht so schwer, natürlich, das Schwere leicht nehmen, take it easy – smiling & singin' & dancin' in the rain. Gotta ring-rang-a dong if your love is strong, if your love ain't strong, there ain't no ring-a dong. Ha. Ha. Ha. Sing, sing, Sang, alles schöner Klang." Und dann mußt Du mir erzählen, daß es eines Tages ganz bestimmt wieder besser gehen wird. Warum sollte es denn? Bääh, „warum denn nicht?" Das sind doch Sandkastenspiele. Wer in der Scheiße sitzt, kann sich nur selbst herausholen, er selbst ganz allein, und das werd' ich morgen tun, Charly. Vielleicht steht es übermorgen in der Zeitung. Aber tröste Dich, Du brauchst nicht alles zu glauben, was in der Zeitung steht, das meiste ist einfach Lüge.

Beispiele:

Clea (15): Ohne Titel

Ich grübelte. Was nehme ich bloß für eine Überschrift für die Geschichte? Für so ein perfektes Werk müßte ich doch auch eine perfekte Überschrift finden können. Ich sah aus dem mit Regentropfen übersäten Fenster auf die Hausdächer und den Himmel. Alles war grau in grau. Deprimierend. Von dort war keine Hilfe zu erwarten. Schmuddelwetter. Ich schüttelte mich. Wenn ich nur diesen Titel schon gefunden hätte, dann wäre ich glücklich. Aber welchen Titel suchte ich eigentlich? Es gab unzählige Möglichkeiten der Wahl, aber keine schien mir gut genug, passend für ein Meisterwerk dieser Qualität. Es würde Millionenauflagen haben. Ich träumte. Einer so großen Leserschaft etwas so Wichtiges mitzuteilen. Aber die Überschrift ... mein Problemkind: Sie mußte die Sache auf den Kopf treffen, durfte den Clou aber noch nicht verraten. Es war so schwer, zu schwer. Mein Kopf begann, heiß zu werden. Die Heizung lief auf Hochtouren. Wie ich. Durch die dünnen Wände hörte ich leise das Radio mei-

nes Nachbarn. Ein Interview offenbar, doch ich verstand den Sinn nicht. Der einzige Sinn für mich war dieser Titel ... und die Geschichte. In Gedanken war sie perfekt, in Gedanken konnte alles perfekt sein, wenn man nur wollte. Und ich wollte. Wenn ich den Titel nur hätte. Was ich brauchte, war ein perfekter Titel, dann ... könnte ich anfangen, eine Geschichte zu schreiben, so herausragend in der Welt der Literatur wie keine zweite. Dann würde ich zu den Großen gehören. Auf Bestsellerlisten und in Insiderkreisen würde mein Name mit Lob genannt werden. Ich würde schönes Wetter für immer in meinen Büchern beschreiben, die Leute glücklich machen, selber glücklich sein. Ich würde Interviews geben, die jeder versteht, vielleicht würde man mich dann auch verstehen. Meine so wichtige Botschaft an die Menschheit ...
Aber da das nicht so ist, da mir bis jetzt noch kein begeisternder, alles Vorherige umwerfender Titel eingefallen ist, so schreibe ich nicht einmal eine kurze, simple Geschichte, so werde ich wohl nie berühmt werden und schon gar nicht großartige Bücher schreiben. Ich werde niemanden glücklich machen mit schönem Wetter und verständlichen Interviews. Ich werde einfach so weiterleben mit einem langweiligen Beruf. Ein langes Leben ohne Sinn. Ein unscheinbares Kleinbürgerleben ohne Titel.

Johannes (15): Fenster

Du bist ein ausgesprochen häßliches Fenster, hat Dir das schon 'mal jemand gesagt? Ja doch, Du bist es. Du bist so normal, so stinknormal, von Dir gibt es Tausende auf der Welt. Mich gibt es nur einmal, das habe ich Dir voraus. Ja, das habe ich. Und außerdem bist Du dreckig. Ich glaube, Du hast einen ziemlich schlechten Charakter. Durch Dich kann kein Mensch mehr ordentlich gucken. Nimm dir 'mal ein Beispiel an mir: Ich erfülle meine Pflichten schließlich auch! Und wenn ich so frech wie Du wäre, würd's mir aber übel ergehen. Und Du? Du klebst weiterhin zwischen ein paar billigen Holzlatten, schmutzig und gleichgültig. Das Fenster einen Stock tiefer, das ist'n ganzer Kerl! Nie so verdreckt wie Du! Ich will Dir 'mal was sagen: Dir fehlt der Stolz. Jawohl, der Stolz! Du bist heruntergekommen. Du könntest Dich als glänzendes Kristallfenster fühlen, aber nein ... Du machst auf Billigfenster-Masche ... und ich darf's dann ausbaden. Ich werde Dir jetzt diesen Seifenschwamm 'mal richtig aufs Glas hauen. Wer nicht hören will, muß fühlen. Ich werde richtig lieblos mit dem Wischer auf Dir herumkratzen, damit Du's weißt! Da, nimm das! Du machst mir mein ganzes Putzwasser dreckig. Schäm Dich. Und merk' Dir eins: Wenn ich nächste Woche wieder zum Fensterputzen komme, will ich hier eine glänzende, klare Scheibe vorfinden, die mir nicht so viel Arbeit macht.

Nina (15): Vorbei

Sie schob das Fahrrad aus dem Hof und stieg auf. Langsam trat sie in die Pedale. Alles um sie herum war wie durch eine Wand von ihr getrennt. Die Gedanken drehten sich in ihrem Kopf, und sie fand keinen Weg 'raus aus dem Wirrwarr. Sie versuchte, irgend etwas besonders Schönes, ein Erlebnis, ein Gespräch zu finden, das sie mit ihm in den fünf Monaten, die sie mit ihm zusammen war, geführt hatte. Aber sie fand nur eine große Leere in sich selbst.

An der Ampel zögerte sie. Auf der anderen Straßenseite war der Eisstand, an dem sie sich treffen wollten. Er war noch nicht da. Erleichtert überquerte sie die Straße, stieg ab und stellte das Rad neben sich an einen Baum. Unruhig blickte sie umher. Da hinten kam er. Sie spürte den Schweiß im Nacken und den Druck im Bauch, der ihr fast den Atem nahm. Er bremste, stieg ab, lächelte, küßte sie kurz auf den Mund und nahm sie in den Arm. Innerlich sträubte sie sich. Er wußte doch, daß sie ihm etwas Ernstes zu sagen hatte, warum verhielt er sich bloß so furchtbar ahnungslos? Während er sein Rad anschloß, setzte sie sich auf die Bank. Als sie beide saßen, war zwischen ihnen eine furchtbare Stille. Ihr Herz klopfte, als sie anfing, zu sprechen. Erst zaghaft, dann immer deutlicher, sagte sie ihm, daß sie ihn nicht liebe, nicht auf diese Weise liebe, wie er sie liebe. Sie spürte seinen Schmerz, sah die Tränen, die er zu verstecken versuchte, doch sie wußte, es war richtig, was sie tat.
Später verabschiedeten sie sich. Er stand auf und raste davon, ohne noch einmal zurückzublicken. Sie sah ihm nach.
Auf einmal war sie ganz ruhig. Ja, sie war erleichtert. Sie spürte keinen Schmerz, keine Trauer. Sie hatte soeben fünf Monate Freundschaft beendet. Fünf Monate hatte sie an ihn verloren, so lange hatte sie gebraucht, um festzustellen, daß sie ihn nicht liebte, fünf Monate, die ihr wie ein Tag erschienen, ein Tag, der ihr nichts bedeutete.

Ich-Du-Er-Geschichte

Aufgabe: Jeder Teilnehmer schreibt eine kurze Geschichte oder den Anfang einer Geschichte in frei gewählter Ich-, Du- oder Er-Form. Diese Texte werden dann verlost. Der nächste Schreiber setzt eine Ich-Geschichte als Du- oder Er-Geschichte fort, eine Er-Geschichte als Ich- oder Du-Geschichte. Nach neuerlichem Verlosen muß der nächste Schreiber wieder eine neue Variante anlegen.

Erläuterungen: Diese Aufgabe baut auf der vorangegangenen auf. Die Schüler sollten darüber informiert werden, daß es drei Schreibschritte geben wird. Beim dritten Schritt sollte es gestattet sein, auch die Perspektive des Erst-Schreibers wieder aufzunehmen.

Erfahrungen: Wie schon bei der vorangegangenen Aufgabe stellt auch hier die Besprechung der Texte große Anforderungen an die Teilnehmer: Die genaue Unterscheidung zwischen Ich-, Du- und Er-Passagen ist nicht immer einfach.

Zeitbedarf: Für die drei Schreibschritte sollte eine Stunde Zeit sein; das Vorlesen und Besprechen einer Textfolge dauert 5–15 Min.

Beispiele: Clea (15), Anja (15), Nina (15): Es

Ich nahm das Buch mit dem roten Einband und den altmodisch verschnörkelten Goldbuchstaben aus dem Regal. Wie früher auch, fand ich dahinter haufenweise zusammengeknuddelte Bonbonpapiere vor. Ich kramte die Papiere zur Seite; es war immer noch da. Ich überlegte. Was sollte ich jetzt machen? Vorher hatte mich stets die Hoffnung aufrechterhalten, es würde nicht da sein. Irgend jemand – vielleicht hatte ich sogar an jemand bestimmtes gedacht – hätte es doch wegnehmen können. Damit wäre die ganze Angelegenheit einfacher gewesen. Aber nun war es doch am gleichen Platz, Reichtum, erniedrigt im Abfall, wie immer, niemand wußte von dem Versteck hinter dem Buch zwischen den Bonbonpapieren. Aber das hatte auch etwas Beruhigendes. Wenn sowieso niemand etwas davon wußte ... Irgendwie war ich doch erleichtert, daß alles so geblieben war während meiner Abwesenheit.

(Schreiberwechsel)

Bist du dir da so sicher? Du glaubst also, keiner weiß von dem Versteck? Du weißt doch genau, daß deine Abwesenheit zu lange dauerte, zu viel Zeit. Zeit hat es nun einmal an sich, Sachen zu verändern, Geheimnisse zu lüften. Stelle das Buch lieber wieder zurück ins Regal und blicke dich um. Im Moment liegt es immer noch hinter dem Bonbonpapier. Es gehört noch dir, aber drehe dich um! Denn du willst es doch behalten?

(Schreiberwechsel)

Er stand mitten im Raum. Die letzten Worte hatte er laut gesprochen. Jetzt war die Stille zwischen ihnen. Er suchte ihren Blick. Er wollte sie verunsichern; langsam ging er auf sie zu. Während er sie triumphierend anblickte, zog er „es“ zwischen den Bonbonpapieren hervor. „Es“, es, das war der letzte Schritt, den sie gehen wollte. „Es“ stand für Genugtuung, für Rettung, Befreiung, für den Ausweg, das Ende. Er wußte es, doch jetzt waren die Rollen vertauscht. Er spürte seine Hand auf dem kalten Metall der Pistole. Seine Finger zitterten ein wenig, als er den Lauf auf sie richtete. Er lachte. „Ja, so wolltest Du es mit mir tun, wenn die Zeit dafür reif gewesen wäre. Ha, das hättest Du nicht gedacht, daß ich Dich schon längst durchschaut habe, was? Nun bist Du dran, meine Liebe!“ Er ließ sie nicht zu Wort kommen, sondern drückte ab. Der Knall hallte in den Räumen wider. Er sank zu Boden, als er sie regungslos vor dem Bücherregal liegen sah. Plötzlich lachte er, er lachte laut und bitter, er hielt sich den Bauch und lachte, wie er noch nie gelacht hatte. Dann hielt er für einen kurzen Augenblick inne, horchte in sich hinein, fürchtete sich vor der fragenden Stille ringsum und wimmerte, wimmerte lauter, fiel in einen gellenden Schrei, der die Stille erzittern ließ.

Liebes- oder Kriegserklärung

Aufgabe: Schreibe eine Liebes- oder Kriegserklärung.

Erläuterungen: Die Aufgabe fordert dazu heraus, ein Gefühl (Liebe, Wut) literarisch zu gestalten bzw. Literatur als ein Mittel gebrauchen zu lernen, mit dem man Subjektives objektivieren kann.

Erfahrungen: Insbesondere die „Liebeserklärung“ wird im allgemeinen so lange als Zumutung empfunden, als noch nicht klar ist, daß man die Erklärung auch an einen Gegenstand richten kann. Deshalb sollten die Schüler bei diesem heiklen Thema ausdrücklich auf diese Möglichkeit hingewiesen werden. Im übrigen hängt es sehr von der Gruppen- bzw. Klassensituation ab, ob die Aufgabe mit dem nötigen spielerischen Ernst gelöst wird oder ob bloß Unsinnstexte geschrieben und womöglich Personen verunglimpft werden.

Variante: Die Namen aller Schüler werden verlost, und jeder richtet nun entweder eine Liebes- oder eine Kriegserklärung an den ihm zugeteilten Mitschüler. Die Texte werden anonym vorgelesen, und es müssen sowohl Adressat als auch Autor geraten werden. (Weil diese Variante nun tatsächlich zum Schreiben über bzw. an einen Mitschüler verpflichtet, müssen die Schüler über das Mittel der Ironie verfügen können – sonst wird es gar zu leicht peinlich!)

Zeitbedarf: Aufgabenstellung höchstens 5 Min., Schreibzeit 30–40 Min., Vorlesen und Besprechen pro Schüler 3 Min.

Anmerkung: Die Anregung zu dieser Aufgabe kommt von dem Schriftsteller Hans Eppendorfer, der in einer Schreibwerkstatt Zwölf- bis Dreizehnjährigen mit Erfolg die Aufgabe „Schreibe eine Liebeserklärung“ stellte.

Beispiele: Tibor (13): Meine Liebe

Dieses gelbe Griffband, dann der rote Hals, der sich oben gabelt und in ein weites Rund übergeht. In der Mitte diese kleinen Kästchen, die von der Bespannung herrühren. Darunter ein kleiner Schriftzug: „Rossignol“, made in France. Oh, wie schön. Das ist mein Tennisschläger. Und er sieht von Tag zu Tag schöner aus. Er ist eine Klasse für sich!

Allein seine Stimme, wie er spricht! Er musiziert geradezu. Dieses helle Vibrieren, begleitet von einem wohlklingenden Zirpen, wenn er auf die gelbe Filzkugel trifft. Ja, er ist geradezu entzückend! Wenn ich ihn in die Hand nehme, kann ich seinen Tatendrang gar nicht einstellen. Er schlägt wie verrückt auf die Filzkugel ein, aber elegant, er ist immer elegant. Manchmal geht mit ihm vielleicht sein Temperament durch, aber er benutzt es nur zum Guten.

Ein kleiner Fehler ist wahrscheinlich seine Schadenfreude. Seine geradezu zynische Schadenfreude. Wie lacht er, wie schwingt er doch, wenn der gegnerische Schläger mit seinem Besitzer einen Hechtsprung macht und den Ball trotzdem nicht bekommt. Wie jubelt er, wenn er den Ball so schlägt, daß der gegnerische Schläger sich die Beine aus dem Leib rennt.

Doch mein lieber Schläger ist auch unbeherrscht. Wenn der von ihm geschlagene Ball in den Maschen des 90 cm hohen Netzes, das sich in der

Mitte des Feldes befindet, hängen bleibt, dreht er einfach durch, rutscht aus der Hand, fliegt ein Stück, um dann mit einem furchtbaren Krachen auf dem Grand zu landen.
Aber verzeiht man ihm nicht viel? Aber verzeiht man nicht jedem seine Fehler? Immerhin bringt der Schläger auch den Sieg. Und zur Belohnung bekommt er eine neue Bespannung. Zwar zetert er und schreit dann, denn wer geht schon gerne zum Bespannen? Aber hinterher ist er dann doch stolz und zeigt sie jedem. Allerdings nur, wenn sie ihm gefällt. Findet er sie zu billig oder schäbig, dann gibt es beim nächsten Spiel ein lautes Knacken, und die schöne Bespannung hat einen Riß.
Ach, beinahe hätte ich es vergessen. Er ist auch anhänglich, unheimlich anhänglich. Wenn ich ihn nur einen Augenblick alleine lasse, wird er schon traurig. Aber Gott sei Dank lasse ich ihn ja nicht häufig allein. Und fahr ich auf Urlaub, gebe ich ihn beim Nachbarn ab. Bei dem ist er immer gut aufgehoben. Oh, wie bin ich doch froh, ihn zu besitzen. Er ist ja so wunderbar! Sogar ein eigenes Heim hat er: Seine Schlägertasche. Sie ist, außer mir natürlich, sein Liebstes. Manchmal muß er sie mit einem anderen Schläger teilen, aber er nimmt es hin. Natürlich zanken sie sich auch manchmal, aber wer kennt nicht Geschwisterliebe?
Ich liebe meinen Tennisschläger über alles. Ohne ihn wüßte ich nicht, was ich tun sollte. Jedesmal lerne ich noch neue Charakterzüge an ihm kennen. Seine Abneigung gegen die Rückhand, seine Vorliebe für Schmetterbälle, seine Freude an Volleys, seinen Haß gegen Doppelfehler, oh, wie sind wir uns doch ähnlich. Ich liebe ihn! Ich liebe ihn! Aber falls ich das nächste Spiel mit ihm verliere, schmeiß ich ihn weg. Und dann kommt ein Neuer. Der feine Typ, gekleidet in Schwarz mit grünen Streifen – und er wird leicht sein. Die Filzkugel wird er mit Härte treffen. Oh, wie werde ich ihn lieben!

Thomas (12): Liebeserklärung an meinen Pullover

Mein lieber, etwas zu großer Pulli:
Weißt du noch, wie wir tobten?
Ein Loch nach dem anderen
durch einen Flicken geschmückt wurde,
und ich dich viele Male
vor dem Mülleimer rettete?
Ich kletterte auf Bäume und Dächer
und trug dich meist mit mir.
Deine dunkelblaue Farbe
ließ mich beim Versteckspiel oft gut getarnt.
Je öfter du vom Dreck oder dem Verkleckertwerden gereinigt wurdest,
je älter und enger du wurdest,
desto mehr mochte ich dich.
Mit dir gemeinsam schon so viele Fußballspiele gewonnen
und so viele andere Siege errungen.
Natürlich haben wir auch die schwarzen Seiten des Lebens gekostet.
Wenn mir eine Träne entwich,
fingst du sie meist mit deinem flauschigen Stoff
oder einem Flicken auf.

Geschlechtertausch

Aufgabe: Du erwachst eines Morgens und stellst fest, daß du dein Geschlecht gewechselt hast. Schildere deine Erlebnisse, Empfindungen, Gedanken.

Erläuterungen: Die Aufgabe eröffnet sehr viele Möglichkeiten. Jüngere Schüler schildern vor allem Erlebnisse; Jugendliche in der Pubertät setzen sich mit den Empfindungen auseinander; Jugendliche in der Adoleszenz behandeln Rollen- und Identitätsprobleme.

Die Aufgabe verlangt ausdrücklich den Geschlechts*wechsel*, d. h., es ist nicht gemeint, daß ein Junge einfach eine Geschichte schreibt, die von einem Mädchen handelt oder aus der Sicht eines Mädchens gesehen ist. Allerdings muß die Geschichte nicht in der Ich-Form stehen; auch Er-Erzählungen sind möglich: „Als Tobias aufwachte, fühlte er sich unwohl. Irgend etwas war anders..." Auf diese Möglichkeit sollte ausdrücklich hingewiesen werden, da die Aufgabe sonst bisweilen als bedrohlich empfunden wird.

Erfahrungen: Von einer Gruppe vierzehnjähriger Mädchen wurde die Aufgabe zunächst heftig zurückgewiesen, schließlich aber mit großer Energie angepackt. Die Texte wurden erst nur untereinander ausgetauscht, später aber doch veröffentlicht, wenn auch anonym. Dabei bekam eine Geschichte so großen Beifall, daß sich die Schreiberin schließlich stolz zu ihrer Autorschaft bekannte.

Ein vierzehnjähriger Junge löste die Aufgabe spielerisch-witzig und brachte dennoch viel an eigenen Empfindungen und Wünschen darin unter. Interessant ist, daß bei Jungen der Geschlechtswechsel viel dramatischere Folgen hat: Er wird als absolute Katastrophe erlebt, der man allenfalls noch mit (Galgen-) Humor beikommen kann.

Vermutlich eignet sich die Aufgabe zumindest bei Jugendlichen nur für Gruppen, in denen schon ein Vertrauensverhältnis besteht.

Bei der Besprechung kann besonders auf die Art der Fiktionalisierung geachtet werden.

Erwachsene finden die Aufgabe häufig unbefriedigend: Zum einen sitzen ihnen u. U. die berühmten Autoren (siehe Anmerkung) im Nacken – sie wollen sich nicht mit ihnen messen. Zum anderen bemerkt der erwachsene Schreiber voll Ärger, daß er in Rollenklischees verfällt.

Zeitbedarf: Aufgabenstellung 3 Min., Schreiben ca. 40 Min., Vorlesen und Besprechen pro Schüler 4 Min.

Anmerkung: Sarah Kirsch, Irmtraud Morgner, Christa Wolf (Hrsg.): Geschlechtertausch. Darmstadt: Luchterhand 1982[2]

Beispiele: Jörg (14): Wo ist bloß Walter geblieben?

Morgens halb sieben, ich mußte zur Schule. Ich stand auf und wollte meinen männlichen Blick über meinen noch männlicheren Körper

schweifen lassen. Aber meine Augen weiteten sich, bis sie so groß waren wie Tennisbälle, als ich an mir heruntersah. Ich hatte das seltsame Gefühl, daß etwas an meinen Oberarmen fehlte und dafür an der Brust angeschwollen war. Soweit ich aber aus dem Ärztebuch wußte, konnten Muskeln gar nicht wandern. Meine Augen schweiften etwas tiefer, und ich rief entsetzt aus (hohe Stimme): „Wo ist denn ..." (tiefe Stimme) „Ähem, ähem. Wo ist denn mein Schniedelwutz geblieben?" Ich suchte etwas genauer, aber auch das Leseglas meiner Oma half nicht. Ich konnte es nicht fassen, ich war über Nacht vom „Pretty-Boy" zum „Pretty-Girl" geworden. Als erstes schmiß ich mein Cliff-Dusch-Gel in den Ascheimer und ging dann zum Frisör, um mir einen neuen, weiblichen Haarschnitt verpassen zu lassen. Der Frisör schaute mich seltsam an und murmelte etwas von „der heutigen Jugend ist das Verrückteste gerade gut genug", machte sich aber dann an die Arbeit. Nachdem er mir ein halbes Kunstwerk zugeschnitten hatte, machte ich mich auf den Weg zu Karstadt, um mir irgendeinen Schund, den man sich ans Ohr hängen konnte, zu kaufen. Unterwegs überlegte ich fieberhaft, wie ich es anstellen sollte, daß meine Freundin nicht neidisch auf meine neue Oberweite wurde.
Plötzlich wurde ich aus meinen Überlegungen gerissen. Mein Gott, war das ein Traum gewesen! Ich hätte wirklich gern das Sandmännchen kennengelernt, das sich so einen Mist ausdachte!
Ich stand also auf und wollte meinen männlichen Blick über meinen noch männlicheren Körper schweifen lassen, als ...!!!

Anja (14): Geschlechtertausch

Ich hatte eine furchtbare Nacht hinter mir und einen furchtbaren Tag vor mir, aber das wußte ich noch nicht. An den gestrigen Abend konnte ich mich noch erinnern! Meine Eltern hatten Besuch gehabt, und ich hatte dem Besuch recht gut geholfen, die Sektflaschen zu leeren. Meine Mutter meinte zwar, daß Sekt auf Kinder ungeahnte Nebenwirkungen hätte, aber weiter sagte sie nichts. Erst als ich zufällig auf das Thema Schule zu sprechen kam, schickte mich meine Mutter ziemlich wütend ins Bett.
Ich ahnte, daß es wohl besser sein würde, ihr heute morgen aus dem Weg zu gehen. Ein Blick auf die Uhr sagte mir, daß der Minutenzeiger schon bedenklich weit vorgeschritten war. Jetzt stellte sich mir wieder einmal das Problem, was ich anziehen sollte. Es war auch jeden Tag dasselbe! Vielleicht wäre es mit einem Rock getan, um meiner Mutter einen Gefallen zu tun. Doch bevor ich aufstand, ließ ich meinen Blick durch mein Zimmer schweifen. Mein Gott, was hatte ich bloß für ein Mädchenzimmer! Fiel mir denn das erst jetzt auf? Ein rosa Sofa! Die Farbe stach mir regelrecht ins Auge. Und was machte diese Babypuppe darauf? Der Teddy in meinem Arm ... War ich denn vollkommen verrückt? Ich schüttelte mich, schloß die Augen. Doch als ich sie öffnete, bot sich mir derselbe Anblick. Nachher würde ich hier gründlich aufräumen. Jetzt wäre es aber wohl besser, aufzustehen. Plötzlich kam mir ein Gedanke. Sollte dieser plötzliche Wechsel meines Geschmacks etwa der Alkohol gewesen sein?
„Nein!" Ich schrie auf. Mein Gott, war es denn schon so spät geworden? Ohne mich zu waschen, schlüpfte ich in meine Klamotten, catchte meine Schultasche und rannte zur U-Bahn. Welch ein Morgen!

Den Weg von der Bahn zur Schule rannte ich auch. Es wurde knapp, aber... ich schaffte es! Als ich in die Klasse stürmte, sahen mich 26 Kinder an. Mein „Hallo“ klang noch selbstsicher, doch mein kurz darauf folgendes „Ist was?“ klang schon ziemlich eingeschüchtert. Was hatten die bloß alle? Lag es etwa daran, daß ich mich nicht gewaschen hatte? Nein, das konnte es nicht sein! Langsam stolperte ich zu meinem Platz neben meiner besten Freundin. Interessiert schaute sie mir entgegen. Ich kannte diesen Blick. Es war der Blick, mit dem sie gutaussehenden Jungen hinterhersah. Aber das war ja bei mir nicht der Fall. Allein schon der Gedanke! Quatsch! Ich verjagte den Gedanken wie eine Fliege. Schließlich brach sie das Schweigen: „Eigentlich sitzt hier ja Anne, aber heute scheint sie krank zu sein!“ Mir wurde ziemlich anders! Glotzte sie an wie eine Kuh, dann nuschelte ich ein „Mir ist schlecht“ und rannte aus der Klasse. Enttäuscht schaute mir meine Freundin nach. Was sie dachte, ließ sich nicht schwer erraten!

Ich rannte, bis mir die Füße wehtaten. Der Schulflur war lang, und mein Ranzen wurde mit jedem Schritt schwerer. Ich wollte nach Hause, bloß weg von hier! Ich war mir vorgekommen wie ein Marsmensch.

Plötzlich bekam ich riesigen Hunger und eilte zum U-Bahn-Kiosk. Dort lächelte mir eine ältere Frau entgegen: „Na, junger Mann, was darf es denn sein?“ – Mir verschlug es erst nur die Sprache, dann faßte ich mich, kaufte eine Tafel Schokolade, und als ich dann außer Sichtweite war, mußte ich dringend in die Büsche, wo ich mir den Platz mit einer Hundedame teilen mußte!

Als ich dann meine Bedürfnisse auslassen wollte, bekam ich etwas zu sehen, was ich in meinen schlimmsten Alpträumen nicht zu träumen gewagt hätte. Das ... ich glaube, du weißt schon, worauf ich hinauswill, also ich meine, das sah verdammt echt aus! Ich weiß nicht, welche Farbe mein Gesicht annahm, ich weiß nur, daß ich nicht mehr mußte! Ich zog meine Jeans so schnell ich konnte wieder hoch!

In der Bahn hatte ich das Gefühl, daß alle Leute mich anstarren würden, und ich war froh, endlich aussteigen zu können! Meine Knie waren wie Pudding, und der Weg nach Hause kam mir sehr viel weiter vor als sonst! Die Straßen waren leer, und so bemerkte mich niemand! Zum Glück!

Ich klingelte. Meine Mutter schien zu schlafen. Ich klingelte noch einmal! Wo blieb sie denn? Ich wurde ungeduldig, klingelte Sturm! Allmählich hörte ich Schritte von der Küche aus. Meine Mutter öffnete und schaute mich fragend an. Ich sah ihr an, daß sie mich nicht als ihre Tochter identifizieren konnte: „Was möchtest du? Ich kaufe nichts!“ Ich schaute auf meine Schuhspitzen, bevor ich antwortete: „Hallo Mama!“ – Meine Mutter wurde blaß, hielt sich am Türrahmen fest. „Anne?!“ schrie sie fast. „Oh, Gott, mein Kind! Wie siehst du aus?“ Ich hatte mir Trost erhofft, und jetzt mußte ich meine Mutter trösten! Ich hatte mich selbst noch nicht einmal richtig mit der Lage vertraut gemacht, und jetzt mußte ich alles meiner Mutter erklären. Ich glaube, es lag wohl daran, daß ich keinen Nervenzusammenbruch erlitt, weil mir gar keine Zeit gelassen wurde.

Meine Mutter sorgte sich nur um die Umwelt! Wie sie es den Nachbarn erklären sollte usw.! Ach ja, und um meine Zukunft! Und ich? Wie es mir

ging und wie ich mit dieser ja nicht gerade alltäglichen Situation fertig wurde, interessierte sie gar nicht! Mir ging es ziemlich dreckig, als mich meine Mutter endlich auf mein Zimmer entließ. Sie rief mir nach, daß sie es ja gewußt hätte! Der Sekt!
Ich schmiß mich auf mein Bett und heulte und heulte! Ich dachte noch ein bißchen an meine Zukunft, an Morgen. Ich kam zu der Ansicht, daß ich mich damit abfinden müsse! Leicht würde es nicht werden.
Irgendwann schlief ich dann ein.

Martin (14): Geschlechtertausch

Ich wachte auf. Alles war wie immer. Ich fühlte mich zwar irgendwie komisch, nein, nicht komisch, aber anders. Also war doch nicht alles wie immer. Meine Mutter rief die Treppe hoch: „Martin, aufstehen!" „Ja!" Ich sprach in einer total anderen Stimmlage als normalerweise, aber meiner Mutter fiel das, genauso wie mir, nicht so besonders auf. Ich war nämlich gerade im Stimmbruch.
Ich schlurfte ins Badezimmer. Verschlafen schaute ich in den Spiegel und erschrak. Ich hatte eine mädchenhafte Gesichtsform. An mir herunterschauend wurde mir bewußt, was geschehen war. Meine Mutter rief nochmals die Treppe hoch: „Tschüs!" Ich antwortete nochmals mit einem „Ja", wobei ich versuchte, so tief wie möglich zu sprechen. Das war unnötig, denn die Tür fiel unten schon ins Schloß. Ich wollte nicht zur Schule. Ich wollte gar nichts mehr. Ich mach' mich doch nicht lächerlich. Ich werd' doch ausgelacht. Wie kann das bloß passieren? Warum mir? Das war alles, was ich dachte.
Ich zog mich an, so wie immer, wollte nicht auffallen. Ich ging, ohne zu frühstücken, aus dem Haus. Beim Aufsteigen aufs Fahrrad hatte ich Schwierigkeiten. Auf dem Weg zur Brücke, die über die Autobahn verlief, war ich total in Gedanken versunken. Alle starrten mich an, jedenfalls hatte ich so das Gefühl. An der Brücke hatte ich Angst.
Ich stieg ab und lehnte das Rad an das Geländer. Dann schwang ich mich darüber. „Ich springe", dachte ich.

Ein Bild aus der Wirklichkeit

Aufgabe: Suche dir in deiner Umgebung ein Motiv und schildere es. Verhalte dich dabei wie ein Fotograf: Wähle den richtigen Ausschnitt, die richtige Entfernung, die richtige Belichtung usw.

Erläuterungen: Die Aufgabe schult den Blick für die Wirklichkeit als Vorlage für literarische Gestaltung; sie regt an, auf Details zu achten, und legt nahe, Wirkliches als bedeutsam (symbolisch) zu sehen.
Da nicht festgelegt ist, ob die Aufgabe in Gedichtform oder als Prosatext gelöst wird, können die Schüler diese Entscheidung ganz nach ihrem Geschmack oder Können selbst treffen.

Erfahrungen: Die Aufgabe verlangt viel Zeit, da die Schüler sich erst einmal ein geeignetes Motiv suchen (und dazu natürlich den Raum verlassen) müssen.
Die entstandenen Texte sind vergleichsweise persönlich; denn die Schreiber haben ja viel Freiheit in der Wahl des Sujets und der Gestaltung. Es kommt deshalb auch zu längeren, intensiven Textbesprechungen.

Zeitbedarf: Aufgabenstellung mit Beispielen ca. 20 Min., Motivsuche und Schreiben 45 Min., Vorlesen und Besprechen der Texte pro Schüler 3–10 Min. (je nach Länge des Textes).

Beispiele:

Martin (15): Spukhaus

Verkommen und dunkel
Putz bröckelt.
Schwarzgewordene Ziegel
Das Dach leckt
Eisen verrostet
Holz vermodert.

Spukhaus

Unter grau gewordenen Stuckleisten
Hausen Krähen
Umkreisen das Haus,
Schreien …
Zerbröckelte Balkons
Geschlossene Türen,
Leblos

Spukhaus

Johannes (14): Blödes Kamel

Auf dem schmutzigen Pflaster der Straße
sah ich kürzlich ein Kamel
zertrampelt und vergessen
auf einer
Zigarettenschachtel.
Einst wachte es brav über die
19 Sünden;
doch bald schon
war der Glanz verflogen
alleingelassen und vereinsamt
blieb es auf der Straße liegen.
Wie viele Füße haben dich getreten!
Wie viele Augen haben dich übersehen!
O sag mir, wie lange
mußt du noch unnütz
hinter dem Plastikschleier stehen?

Christine (15): Cafeteria

Ein exotisch aussehendes Mädchen schaut träumerisch in die Ferne. Im Hintergrund saftig-grüne Palmen und azurblauer Himmel. Darunter drei Klappen: „Domino, Eiskrem 1,–; Cujamara Split, Eiskrem und Fruchteis 1,–; Cornetto Erdbeer, Fruchteis 1,50." Unter jeder Klappe ein Metallknopf. Neben der Eisbox ein kaputter Süßigkeitenautomat. Daneben: „Trink Coca-Cola – mit Deckel und Trinkhalm." Dann zwei veraltete Automaten für Pulverkaffee und wäßrigen Kakao.
Eine etwas ältliche Frau sitzt an einem der cremefarbenen, abgenutzten Preßholztische und blickt starr in einen vor ihr stehenden Plastikbecher. Vier Betonsäulen, viereckig und schmutziggrau, stützen die einmal weiß gewesene Decke der mittelgroßen Cafeteria. An den langen Tischreihen stehen braune Hartplastikstühle, von denen je drei mit Metallstangen aneinander befestigt sind. Der Gummiboden hat die gleiche Farbe wie die Lamellen des verriegelten Ausschanks.
Grellweißes Deckenlicht durchdringt die fade Dämmerung, die durch die Fensterwand hereinbricht.
Mülleimer stehen wahllos verstreut im Raum.

Stadtplan-Phantasie

Aufgabe: Suche auf dem Stadtplan einen dir unbekannten, von der Bezeichnung her interessanten Ort.

a) Stelle dir diesen Ort vor und beschreibe ihn aus der Vorstellung heraus in einem Text. Es können auch Personen an diesem Ort handeln.

b) Begib dich dann an diesen Ort, sieh ihn dir genau an, lasse ihn auf dich wirken und schreibe dann einen zweiten Text darüber.

Erläuterungen: Ortsbezeichnungen wie „Frankenbad", „Alter Zoll", „Alte Synagoge", „Liebfrauenschule" regen die Phantasie an. Angesichts des wirklichen Ortes wird die Beobachtungsfähigkeit und Detailwahrnehmung, eine wesentliche Voraussetzung realistischen Erzählens, geschult.

Die Aufgabe eignet sich zum Erkunden fremder Orte. Bei bekannten Orten (etwa dem eigenen Wohnort) sollte der Lehrer relativ unbekannte Orts-, Platz- oder Gebäudenamen aussuchen und vorschlagen.

Erfahrungen: Daß die „Alte Synagoge", in der Phantasie als Mittelpunkt jüdischen religiösen Lebens anschaulich beschrieben, infolge eines dunklen Kapitels deutscher Geschichte eben nicht mehr dieser Funktion dient, sondern daß an deren Stelle ein Betonbau steht, verhilft zu allerhand verblüffenden Einsichten. Aber auch sonst ist die Aufgabe äußerst reizvoll für Schüler: *die* Idee für den ersten Tag am Zielort einer Klassenfahrt!

Spannend ist es, wenn die anderen nach dem Vorlesen eines Text-Doppels (Fiktion und Wirklichkeit) raten müssen, welcher Text denn nun der auf Beobachtung beruhende ist.

Zeitbedarf: Schreiben der beiden Texte je 20 Min.; Vorlesen und Besprechen pro Schüler 10 Min.

Beispiel: Meike (17): Das Frankenbad

(1)

Ruhig lag er da, der alte Bau. Sanft rot leuchtete er im Schein der aufgehenden Sonne. Viel hatte es erlebt, das Frankenbad. Hatte Generationen von Bonnern seine Fluten angeboten, war Treffpunkt der obersten und untersten Schichten gewesen, hatte als Rendezvous-Platz und Kampfarena gedient; in den Bäumen, die den kleinen Platz vor dem Bad säumten, hatten Vögel, Kinder und Eichhörnchen gespielt, und auf der Straße, auf der heute Autos fuhren, waren damals Kutschen aller Art gefahren. Auch die Kriege hatte das Bad überstanden, den feindlichen Bomben getrutzt und war auch den Panzern nicht gewichen. Eine Zeitlang war es Treffpunkt geheimster Agenten gewesen, hatte Razzien der Gestapo und manchen Schwimmanfänger erlebt.

Dies alles wußten die Mörder nicht, die an diesem klaren Herbstmorgen den Bau erzittern ließen. Und hätten sie es gewußt, es hätte nichts geändert.

Langsam hieben sich die gelben Zähne der Maschinen in den Bau, und langsam wich das Leben aus ihm. Als am Abend die Sonne unterging, beleuchteten ihre letzten Strahlen rot den grauen Staub der Geschichte.

(2)
Drückende Schwüle
in kleine Kästen gezwungene Pflanzen
die wuchern sollen
aber nicht wuchern.
Graue Schwüle
graue Schule?
Nein, pinke Hexen und
viel Wasser.
Chlorgeruch und
1000 Bäder.
Für jeden Fuß eins.
Ein klarer Bau
Glasklar
wie unsichtbar ...
Ein bißchen Hagenbeckatmosphäre
Freigehege für Wassermenschen
Glaswände für deren Betrachter
Auf einer Bank ein schlafender Nichtbader.
Wie wär's
mit einem Zoobesuch?
Mit vier Mark und einer
Badehose sind Sie dabei ...

Schreiben zu Kunstpostkarten

Aufgabe: Wähle dir eine Kunstpostkarte und schreibe zu dem, was du siehst, eine Geschichte oder ein Gedicht.

Erläuterungen: Im Unterschied zur „Bildbeschreibung“ geht es hier nicht um genaue Wiedergabe, sondern um phantasievolles Reagieren. Was löst das Bild im Betrachter aus? Wozu inspiriert es ihn?
Die Aufgabe macht bewußt, daß sich der Autor von überall her Anregungen holen kann: Nicht nur selbst Erlebtes, Gehörtes oder Gelesenes kann Schreibanlaß sein, sondern auch Kunsteindrücke können den Impuls zum Schreiben geben.

Erfahrungen: Beim ersten Versuch empfiehlt sich, eine kleine Anzahl (etwa 3–4) von Karten zur Wahl zu stellen; denn eine einzige Karte führt allzu leicht zu der Abwehrreaktion „Mir fällt dazu nichts ein“, und eine sehr große Zahl macht die Entscheidung für einige Teilnehmer zu schwer.
Dabei sollte die Auswahl der Karten wohlbedacht sein: Von ihrem Symbolgehalt, ihrem ästhetischen Reiz hängt die Qualität der Texte nicht unerheblich ab. Gut geeignet sind deshalb auch Karten, auf denen Disparates zu sehen ist.
Später ist es sinnvoll, die Teilnehmer sich selbst eine Karte oder ein Bild suchen zu lassen (z. B. in einer Kunstgalerie oder in Poster-/Kunstpostkartenläden). Die Wahl einer bestimmten Karte sagt dann schon einiges über den Schreiber aus (wie eben auch bei Autoren: Schon die Auswahl ihrer Sujets ist bezeichnend).
Es hängt von der Gruppe und der Situation ab, ob es günstiger ist, wenn mehrere Texte zum selben Bild geschrieben werden, die man dann vergleichen kann, oder ob immer wieder andere Sujets behandelt werden.

Variante: Jeder Schüler sucht sich nicht nur eine, sondern zwei oder mehrere Karten aus und verbindet deren Bilder zu einem Text.

Zeitbedarf: Aufgabenstellung mit dem Vorlesen von Beispielen 10 Min., Auswahl der Karte 5 Min., Schreiben 30 Min., Vorlesen und Besprechen pro Schüler 4 Min.

Anmerkung: Das Erzählen von Geschichten zu Bildern hat schulische Tradition. Vgl. Diehm, A.: Die bildgebundene Erzählung. In: Der Deutschunterricht 17/1965, S. 20–28.

Beispiele: Kunstpostkarte von Hans H. Siwik: „Venezianischer Karneval“
(Auf der recht dunklen Karte – es dominieren Schwarz und Dunkelblau – ist eine verschleierte Venezianerin zu sehen, im Hintergrund befinden sich Arkaden.)

Nina (15): Margaretha
Margaretha wollte anders sein als die anderen. Kein Popper, kein Punker, kein Waver, kein Mod, kein Prolet, kein Skinhead, kein Normaler. Aber es gab ja schon fast alles: Es gab Popper, Punker, Waver, Mods, Proleten, Skinheads, Normale.

Sie wollte extravagant sein.
Nicht häßlich, nicht aufregend, nicht intellektuell, nicht reizvoll, nicht blendend schön, nicht unauffällig. Margaretha saß lange in ihrem Zimmer und überlegte. Und sie hat sich geschminkt, abgeschminkt, frisiert, wieder runtergekämmt, schwarz angezogen, weiß angezogen, aber alles gab es schon einmal.
Margaretha saß länger in ihrem Zimmer und rätselte. Sie blätterte in jeder Zeitung, schaute in jeden Prospekt, malte tausend Entwürfe, doch niemals war sie zufrieden.
Margaretha saß schon sehr lange in ihrem Zimmer und – war verzweifelt. Sie durchforschte jeden Kleiderschrank, färbte alle Sachen bunt, wühlte an jedem Flohmarktstand – und fand etwas: Ein altes schweres Kostüm aus einem Theaterfundus. Es war schwarz und glänzend und weich und glatt und kalt. Margaretha stieg in das Kostüm, und sie fühlte sich groß und allwissend und kühl und stark.
Die Leute schauten sie an – und sie wußte, jetzt war sie extravagant, einmalig.
Und sie geht allein durch die Straßen und fühlt, in ihr, da fehlt etwas. Da kommt ihr eine entgegen. Sie trägt ein altes, schweres Kostüm. Es ist schwarz und glänzend und weich und kalt. Und sie ist groß und allwissend und kühl und stark. Margaretha steht still. Sie sieht, sie wird niemals einmalig, extravagant, anders und besser sein. Die andere kommt auf sie zu und sagt: „Prima, jetzt sind wir zwei, und wir sind einmalig, extravagant, anders und besser!"
Da versteht Margaretha, und sie faßt diese Hand, und sie weiß, sie ist nicht mehr allein.

Carolin (15): Venedig

Du lebst, ich weiß es.
Warum ist dein Blick so leer?
Deine Ausstrahlung ist tot.
Dein blutroter Mund küßt einen Luftzug.
Mir wird kalt.
Du wirkst so mächtig und zerstörend
und bist doch zerbrechlich.
Da! – unter den Schleiern, vom Tod gezaubert:

Du lächelst.
Reiß die Masken von dir:

Du lebst.

Christine (14): Venezianischer Carneval

Endlich war Carneval. Tagelang hatte ich mich auf diesen Tag gefreut. Meine Freundin und ich hatten schon etliche Male unsere Kostüme anprobiert, uns geschminkt und uns im Spiegel betrachtet. Immer wieder hatten wir Stellen in den Kostümen gefunden, die uns so noch nicht gefielen. Es war eine Heidenarbeit gewesen, die Kostüme zu nähen, und da wir nicht widerstehen konnten, die Kleider aus echter Seide zu fertigen, war es auch nicht ganz billig geblieben.

Heute war es dann endlich soweit. Stunden vorher hatten wir uns schon fertig gemacht, um die Kleider doch noch einmal zu verändern, falls es nötig wäre. – Die Uhr des Doms schlug 12 Uhr. Es konnte losgehen! Wir zogen unsere Röcke hoch und traten in unseren Verkleidungen auf die Straße. Noch waren die Gassen leer, doch bald würden sie voller Treiben sein.

Für mich war es der erste Carneval in Venedig. Mit klopfenden Herzen eilten wir durch die Gassen und suchten nach den verkleideten Menschen. Meine Freundin lief mir voraus. Der Schleier ihres Hutes bewegte sich im Wind, der vom Meer her kam. Der Lärm der jubelnden Menge wurde lauter. Als wir über eine Brücke liefen, konnten wir sie endlich sehen. Eine wogende Menge füllte den Markusplatz. Als wir die Brücke verließen, riß uns der Strom von Masken mit sich. Ich verlor meine Freundin aus den Augen. Minuten später wurden wir wieder zusammengedrängt. Überall hörte man Tuten und Tröten. Ich ärgerte mich, daß ich nichts mitgenommen hatte, um mitzulärmen, dabei hatte ich extra noch zwei kleine Tuten gekauft, aber nach langem Hin und Her hatten meine Freundin und ich entschieden, sie zu Hause zu lassen. Jetzt bereute ich es.

Nachdem wir ungefähr zwei Stunden unterwegs gewesen waren, fielen plötzlich Regentropfen aus dem anfangs so klaren Himmel. Doch das schien niemanden zu stören, und wir zogen weiter durch die geschmückten Gassen.

Dann konnten wir das Meer sehen. Ein kühler Wind blies uns entgegen. Ich fror in meinem dünnen Seidenkleid. Doch auch die Kälte schien niemanden zu stören. Wir zogen über eine Brücke, und plötzlich stand ich bis zu den Knöcheln im Wasser. Erschrocken sah ich zu meiner Freundin hinüber. Die Masken vor uns stockten. Von hinten wurde ich vorwärts gedrängt. Am Ende des Zuges hatte man wahrscheinlich noch nichts von dem Wasser gemerkt. Ich sah mich um. Hinter mir wurde lustig weitergefeiert. Ein nicht endenwollender Zug von Menschen drängte uns vorwärts. Das Wasser ging mir schon bis zu den Knien. Ängstlich versuchte ich, gegen die vorwärtsdrängende Menge anzukämpfen. Unter den Leuten vor mir war eine Panik ausgebrochen. Mit aller Gewalt drängten sie zurück. Ich dachte, man würde mich zerdrücken, denn die Menschenmenge hinter mir drängte immer noch vorwärts. Dazu kam das Wasser. Es stand mir jetzt schon fast bis zu den Hüften, obwohl ich kaum vorwärts gegangen war. Dann wurde ich langsam rückwärts gedrängt. Ich sah mich nach meiner Freundin um, aber sie war nicht mehr da.

Vor mir hörte ich entsetzte Schreie. Hinter mir das langsam abschwellende, aber immer noch laute Gejubel der Feiernden. Vor mir war ein Teufel. Seine Hörner fuchtelten mir jetzt im Gesicht herum. Ich hatte mich umgedreht, um besser wegdrängen zu können. Das kalte Wasser durchnäßte mein Kleid und machte es schwer. Das Vorwärtsdrängen wurde zu einer Qual. Plötzlich hörte ich das Rattern von Hubschraubern. Es kam näher. Es fiel etwas aus einer Luke unterhalb der Hubschrauber. Unwillkürlich griff ich danach. Ich hielt mich fest und spürte, daß ich langsam hochgezogen wurde. Was dann noch passierte, weiß ich nicht mehr.

Als ich erschöpft meine Augen öffnete, sah ich meine Freundin. Venedig gab es nicht mehr.

Metapherntext

Aufgabe: Zur Vorbereitung dient das als „Metaphorischer Schattenriß“ bekannte Gesellschaftsspiel: Jemand aus der Gruppe „denkt“ sich ein anderes Gruppenmitglied. Jetzt wird er reihum gefragt: Was wäre diese Person als ...? (z. B. Gebäude, Buchtitel, Musikinstrument, Pflanze usw.) Oft rät die Gruppe bereits nach Nennung weniger „Metaphern“, wer gemeint ist.

Um daraus eine Schreibaufgabe zu machen, müssen die Metaphern notiert werden. Der Betroffene wählt sich nämlich nun eine der vorgeschlagenen Metaphern aus und schreibt darüber: „Ich als ...“

Variante: Die Gruppe stellt jedem Schüler reihum Fragen: „Was wärst du als Gebäude? Als Buchtitel? Usw. Nun wählt die Gruppe aus den Antworten, den „Metaphern“, eine aus. Über die muß man schreiben: „Ich als ...“

Erläuterungen: Die Gruppe sollte nicht mehr als 10 Teilnehmer haben.

Es reicht, wenn 5 „Metaphern“ genannt worden sind; mehr als 8 sind nicht sinnvoll. Um diese Phase nicht zu lang werden zu lassen, können die Fragen einheitlich sein; auch wird damit vermieden, daß Unergiebiges (Ich als Zahl, usw.) erfragt wird. Ergiebig sind Metaphern, die viele Aspekte enthalten, so daß viele Bezüge zum Ich möglich sind. Freilich verhindert die Einheitlichkeit auch Kreativität, die im Finden immer neuer Fragen besteht.

Die Aufgabe erfordert, sich selbst im Bilde von Gegenständen darzustellen. Sie trifft damit eine zentrale Stelle der Poesie: bildhaftes, symbolisches, analoges Denken. Für viele Schüler ist es neu und faszinierend, daß sie Gegenstände oder andere Lebewesen beschreiben, aber sich selbst meinen.

Zur Einführung kann über Analogien gesprochen werden. Manche liegen ja auf der Hand: Wenn Heike zugibt, daß sie manchmal eine Kratzbürste ist, vergleicht sie sich als Tier mit einem Igel, als Haushaltsgegenstand mit einem Topfkratzer, als Blume mit einer Distel. Natürlich kann sie bei „Blume“ auch eine andere Eigenschaft von sich im Auge haben und sich mit einem Mauerblümchen vergleichen ... Bei der Schreibaufgabe kommt es nun darauf an, den Gegenstand bzw. das Lebewesen auszuloten und ihm möglichst viele Entsprechungen mit der eigenen Person zu entlocken. Der Igel hat eben nicht nur Stacheln, sondern er ist auch „klein und süß“, ist ein „nützlicher Bursche“, lebt im Straßenverkehr gefährlich usw. Damit die Teilnehmer ergiebige Metaphern finden, sollten sie ruhig etwas nachdenken dürfen, nachdem sie gefragt worden sind. Ideal ist es, wenn jemand spontan und mit großer Überzeugung eine Metapher nennt, obwohl er sich gar nicht darüber im klaren ist, warum gerade dies eine Metapher für ihn sein soll. Hier kann das Schreiben der Bewußtmachung dienen, weil nun die Beziehungen des metaphorischen Gegenstands zur eigenen Person erforscht werden müssen.

Erfahrungen: Jüngere Teilnehmer schildern oft „Erlebnisse“ der Gegenstände, ohne aber einen Bezug zum eigenen Ich des Schreibers herzustellen. Da dies wahrscheinlich entwicklungsbedingt ist, ist es nicht durch Hinweise und Ermahnungen zu ändern. Ergiebiger ist diese Aufgabe bei älteren Schülern (ab Kl. 9).

Beispiele: 1. Genannt waren als Metaphern Musikinstrument: Gitarre, Sänger: Paul McCartney, Tier: Löwe, Beruf: Sänger, Wetter: starke Bewölkung. Jens wählte die Gitarre:

Jens (14): Ich als Gitarre

Ich, als Gitarre, mag es, wenn ein Mensch mit seinen Händen einige sentimentale Lieder anstimmt. Aber wenn ich wütend bin, kann ich auch ganz schön laut werden. Doch am liebsten mag ich ruhige, sanfte Lieder. Meine etwas zarten Töne sind nicht unbedingt typisch für mich. Ich führe als Gitarre ein Doppelleben. Am häufigsten hört man mich harte Sachen spielen. Ich glaube, ich spiele nur so harte Sachen, weil ich befürchte, daß man erkennt, daß ich so ein „Softy" bin.

Ich kann mein Schicksal in Tönen malen. Nach außen hin gehen meine Töne in Dur, aber im Unterbewußtsein ...

Niemand weiß so genau, wie es in mir zugeht, ich auch nicht. Meine Stimmung hängt auch nicht von den Umständen ab. Sie steht oft im Kontrast zu den Umständen. Manchmal fange ich auch ganz allein, ohne Grund an zu spielen. Und dann kann ich kein Ende finden.

Ich habe auch keinen Besitzer, aber manche tun so, als wären sie es. Aber ich weiß selber, wer ich bin und zu wem ich gehöre. Ich spiele die Töne, die ich vorbringen kann, nur für mich selbst. Aber die wenigsten wissen das.

Manche halten mich für einen Schwächling, nur weil ich eine gewöhnliche Gitarre bin und an keinen Verstärker angeschlossen werden kann. Das will ich auch gar nicht. Ich bin total unabhängig, habe meinen Stil. Nur niemand hat ihn bisher kennengelernt ...

2. Genannt waren als Metaphern Frisur: etwas sehr Schlichtes, Kleidungsstück: Strickpullover, Parfüm: schwachblumig, Schrift: hebräische Schrift. Ute wählte die hebräische Schrift.

Ute (18): Ich als hebräische Schrift

Die wenigsten kennen sie, und nur wenige können sie schreiben. Diejenigen, die sie lesen können, können sie meistens sehr gut lesen, obwohl sie sehr schwer zu lesen ist. Doch je mehr man sich mit ihr beschäftigt, desto mehr wird sie den Leuten verständlich. Wer sie einmal begriffen hat, wird sie immer begreifen, auch wenn man hin und wieder immer noch auf Schwierigkeiten stoßen wird. Manchen aber bleibt sie ein Rätsel, weil sie nichts mit ihr anzufangen wissen oder weil sie ihnen einfach zu problematisch und fremd erscheint. Es finden nur ganz bestimmte Menschen Zugang zu ihr, und sie wird nur in bestimmten Bevölkerungsgruppen verwendet.

Briefwechsel

Aufgabe: Vor Spielbeginn werden fiktive Namen (mit einer Altersangabe), die Assoziationen wecken, unter den Teilnehmern verlost, und jeder ist nun für die Dauer des Spiels diese Person. Er schreibt deshalb den Namen gut sichtbar auf eine Karte, die er vor sich hinstellt.
Das Spiel beginnt mit der Aufforderung: Jeder schreibt jetzt in seiner Rolle an irgendeine andere Figur einen Brief.
Den Brief überbringt man selbst. Der Angeschriebene liest den Brief und kann ihn, wenn er will, beantworten. (Dies ist besonders am Anfang sinnvoll.)
Die Briefe werden nicht vorgelesen; aber es muß auch nicht strikt geschwiegen werden.

Erläuterungen: Die Aufgabe schult das Sich-Hineinversetzen in eine fiktive Figur und deren soziale Welt. Im übrigen eignet sie sich gut, um Schreibhemmungen zu überwinden.

Erfahrungen: Es sollten möglichst nicht mehr als 10–12 Personen teilnehmen.
Das Spiel läuft erst etwas langsam an, gewinnt dann aber eine solche Dynamik, daß es kaum noch zu stoppen ist und die Teilnehmer sich die Finger wund schreiben.
In einer Gruppe, in der die Teilnehmer einander schon kennen, läuft das Spiel manchmal auf zwei Ebenen ab: der fiktiven der Figuren und der realen (die natürlich kaschiert werden muß) der Teilnehmer.
Der Witz des Spiels kommt besonders dann heraus, wenn Querverbindungen zwischen einzelnen Briefwechseln hergestellt werden. Damit das geschieht, müssen natürlich Informationen aus den Briefen an Dritte weitergegeben werden!

Variante: Es werden Figuren aus der Weltliteratur gewählt: Jeder Schüler stellt ein Schild mit einer beliebigen, von ihm ausgewählten literarischen Figur vor sich hin und ist für den Rest des Spiels diese Figur (z. B. Pippi Langstrumpf, Oliver Twist, Emil, Faust ...).

Beispiel: Statt eines Textes sei hier aus einem Protokoll zitiert, das den Verlauf des Briefwechsel-Spiels wiedergibt:

Bei der Ankündigung, ein Briefschreibspiel zu machen, sind die Schüler zunächst weder abgeneigt noch begeistert. Als jedoch die Möglichkeit deutlich wird, in den eigenen Briefen eine bestimmte Rolle zu übernehmen und anderen Rollen zuzuweisen bzw. sie in Situationen zu verwickeln, kam schlagartig Interesse auf. Das „Aha" von Renate klang dabei eher angriffslustig, von Matthias und Kai spielerisch-unternehmungslustig. Alle begannen unmittelbar mit dem Briefschreiben.
Im Verlauf des Spiels waren drei Hauptphasen zu erkennen: Zunächst gab es die noch ruhige Phase des Kontaktaufnehmens, in die alle Schreiber/Briefempfänger einbezogen waren.

In der zweiten Phase wurden die verschiedenen Rollen der jeweils anderen Briefpartner deutlich.

Kai machte aus „Auguste Schreinemacher (87)" eine schreibfaule, agile alte Dame, die Rollenzuweisungen wie „nette, alte Oma" strikt zurückwies.

Julias Rolle wurde die einer ruhigen, freundlichen Lebensberaterin, die selbst aber etwas zu kurz kommt. Bei ihr liefen zum Schluß viele Fäden zusammen. Sie war „Dr. Therese Zöpfel (34)".

Jovanca mit „Leopold Blum (48?)" gab sich als jovialer Junggeselle, der sich später in Therese verliebte.

Renate war als „Huong Ching-Li (22)" unglücklich verliebt und drohte mit Selbstmord.

Valeska spielte als „Peter MacCarthy (31?)" auch mit Geheimrollen: Sie war ein Mafioso, der sich später als korrupter Polizeibeamter entpuppte.

Matthias als „Elvira Jungborn (43)" und Katrin als „Konrad Gnadenhauer (19)" z. B. Tochter bzw. Enkel von Auguste, Stiefsohn von Leopold.

„Gernot von Rammhoser (36)", gespielt von Johannes, wurde von Huong umschwärmt.

Gabi als „Kemal Sömöklü (56)" war der Besitzer eines türkischen Gemüseladens.

In der dritten Phase wurden hauptsächlich familiäre oder verwandtschaftliche Beziehungen bestätigt oder zurückgewiesen und Geheimrollen gelüftet.

Nach ca. 2 Stunden kamen erste Fragen nach dem Ende des Spiels (Renate). Erstaunlicherweise hielt jedoch Matthias, der sonst nicht länger als nötig schreibt, entgegen, er müsse noch einige Briefe beantworten.

Alle Briefschreiber hatten viel Spaß bei diesem Spiel, und die meisten achteten darauf, ihre Rollen durchzuhalten und auszubauen. Auch am folgenden Tag waren das Spiel und die Figuren nicht vergessen – die Schüler nannten sich noch gelegentlich bei ihren Rollennamen bzw. agierten dementsprechend. Valeska baute die Briefgesellschaft in ihren nächsten Text am Samstagvormittag ein – sie bildet dort eine Hausgemeinschaft.

(Die Schüler sind durchschnittlich 13 Jahre alt.)

Anmerkung: Die Idee zu dieser Aufgabe stammt von Kaspar H. Spinner: Fiktionales Schreiben in der Schreibwerkstatt. In: Mitteilungen des Deutschen Germanistenverbandes, 33. Jg., Heft 3 (Sept. 1986), S. 13

Klatschblattgeschichte

Aufgabe: Der Vorbereitung des Geschichtenschreibens dient das als „Klatschblatt“ bekannte Gesellschaftsspiel:
Jeder nimmt einen Zettel und beantwortet Fragen nach noch auszudenkenden Personen und Ereignissen. Die Zettel werden verdeckt weitergegeben.
In der 1. Runde fragt der Spielleiter: Wie heißt er? – Die Zettel werden umgeknickt und weitergegeben.
2. Runde: Wie sieht er aus? – Wieder wird umgeknickt und weitergegeben.
3. Runde: Wie heißt sie? – Umknicken, weitergeben.
4. Runde: Wie sieht sie aus? – Umknicken, weitergeben.
5. Runde: Wo trafen sie sich? – Umknicken, weitergeben.
6. Runde: Was sagte er zu ihr? – Umknicken, weitergeben.
7. Runde: Was sagte sie zu ihm? – Umknicken, weitergeben.
8. Runde: Was passierte dann? – Umknicken, weitergeben.
9. Runde: Was meinst du dazu? – Umknicken, weitergeben.
Der 10. in der Reihe entfaltet nun den Zettel und hat die Aufgabe, aus diesem „Material“ eine Geschichte zu schreiben und ihr schließlich auch eine Überschrift zu geben. Die Reihenfolge der Informationen sollte beibehalten werden; wichtig ist auch, daß der unter 9 erfragte Kommentar eingebaut wird – keine leichte Aufgabe!

Erläuterungen: Die Aufgabe spielt mit einigen wesentlichen Elementen von Geschichten: Figuren, Handlung, Geschehen, wörtliche Rede, Autorkommentar. Ziel ist es, die meistens nicht zusammenpassenden Elemente so zu verarbeiten, daß ein Leser glaubt, der Autor habe sich alles selbst ausgedacht. Deshalb sollten die Vorgaben auch erst *nach* der Geschichte vorgelesen werden.
Eine Schwierigkeit besteht darin, die Personenbeschreibungen nicht wörtlich als Beschreibung zu übernehmen, sondern sinnvoll in Handlung aufzulösen.

Erfahrungen: Die Aufgabe macht schon bei der Vorbereitung, dem Klatschblatt-Spiel, ungeheuer Spaß. Beim Entfalten der Zettel gibt es dann gespielt-empörtes Stöhnen. Die Anfangsmotivation trägt im allgemeinen über die Schreibphase hinweg, und die Schüler sind ungeheuer gespannt, was die anderen aus ihren mehr oder minder verrückten Vorgaben gemacht haben. Deshalb wird auch das Vorlesen mit größter Aufmerksamkeit und größtem Gelächter verfolgt.

Zeitbedarf: Klatschblatt-Spiel ca. 10 Min., Schreiben 30–40 Min., Vorlesen je Text 2 Min.

Beispiele:

I.

1. Helmut
2. rothaarig, pausbäckig, mit Sommersprossen, ganz kindlich – wie halt

ein Fünfjähriger aussieht (trägt meistens Latzhose und Mickey-Mouse-T-Shirt)
3. Hannelore Kohl
4. Kurze Haare, schwarze Lederjacke, schwarze Cowboystiefel, weißes Kleid (Knielänge), Segelohren, Spitzmund
5. Im U-Bahn-Schacht nach Abfahrt der letzten Bahn
6. „Haste ma' Feuer, du süße Schnecke?"
7. „Kann schon sein, junger Herr! Aber dann sollten Sie jetzt wohl auch auf unser Wiedersehen anstoßen!"
8. Er nahm sich das Eis aus dem Kühlschrank.
9. Dramatisches Zusammentreffen. Von ihm das typische Macho-Gentleman-Verhalten, und sie, das Mauerblümchen, würde alles für ihn tun. Typisch Männer!

Mit diesen Vorgaben schrieb Jovanca (13) diese Geschichte:

Der schlanke Helmut

Klein-Helmut II. saß gelangweilt vor dem Friseurladen. In seinen roten Haaren klebte Bonbonpapier. Seine dicken Pausbäckchen waren mit Sommersprossen übersät. Seinen Kullerbauch schützte eine viel zu weite Latzhose. Als seine Mutter (Hannelore Kohl) endlich aus dem Friseurladen herauskam, pfiff Helmut II. hochachtungsvoll durch seine Zahnlücken. Sie wirkte ganz anders mit ihren kurzen Haaren, der schwarzen Lederjacke und ihrem weißen Sommerkleid. Ihre schwarzen Cowboystiefel glänzten in der Abendsonne. „Komm, Helmut", rief sie, „wir müssen uns beeilen, damit wir noch die letzte U-Bahn bekommen!"
Sie nahm Klein-Helmut II. an die Hand und ging mit ihm schnellen Schrittes zur U-Bahnstation. Als sie mit Seitenstichen auf dem Bahnsteig ankamen, sahen sie sehnsüchtig den Schlußlichtern der Bahn hinterher. „Miste!" rief Hannelore und schaute verzweifelt auf die Uhr. Diese Gelegenheit nahm Klein-Helmut wahr, um sich zu verstecken. Als Hannelore bemerkte, daß ihr kleiner Mops ausgebüxt war, rief sie: „Helmchen, ich habe Weingummi für dich! Coca-Cola-Flaschen! Die magst du doch so gerne!" Sofort kam Klein-Helmut hinter einem Pfeiler hervor. Aus seinem Mund ragte eine Schokoladenzigarette. „Haste ma' Feuer, du süße Schnecke?" fragte Klein-Helmut II. und nahm die Machostellung ein. „Kann schon sein, junger Herr!" rief Mama Hannelore erleichtert aus. „Aber dann sollten wir jetzt wohl auch auf unser Wiedersehen anstoßen!" Hannelore holte die Tüte mit den Coca-Cola-Weingummiflaschen aus ihrer Handtasche, die Klein-Helmut ihr gierig entriß. „So, Puschi, nun iß man nicht gleich alle auf, sondern komm bitte mit. Wir nehmen ein Taxi. Dann mußt du nicht soviel laufen."
Hannelore nahm ihren Sohn an die Hand, und sie riefen sich ein Taxi. Als sie zu Hause angekommen waren, lief Klein-Helmut II. als erstes in die Küche. Er nahm sich ein Eis aus dem Kühlschrank, das nach zwei Minuten bereits verschlungen war. Als nach drei Stunden der vielbeschäftigte Papa, Helmut I., nach Hause kam, stellte er entsetzt fest, daß sein Sohnemann auch immer mehr abmagere. Sofort beschloß er, mit seiner Frau und seinem Söhnchen mal so richtig schön essen zu gehen, damit auch sie sich einmal sattessen könnten.

„Wunderbar!" rief Herr Vogel amüsiert. „Typisch, dieses dramatische Zusammentreffen. Von Klein-Helmut das typische Macho-Gentleman-Verhalten, und sie, das Mauerblümchen, würde alles für ihn tun. Typisch Männer! Äh, Entschuldigung, ich meine natürlich Söhne!"

II.

1. Kurt-Dieter Gärtner
2. braune Hornbrille, leicht vorstehende Zähne, nach vorne gekämmte braune Haare, dicke Nase, stets ordentlich gekleidet, meist brauner Anzug
3. Sie hieß Mary-Anne und sollte hingerichtet werden.
4. Ihre äußerliche Erscheinung wirkt sehr gepflegt: Ihre Haare sind kurz geschnitten, und ihr Gesicht ist immer geschminkt. An ihrem Parfüm kann man sie schon 4 Straßen weiter erkennen.
5. Sie trafen sich auf dem Schlachthof.
6. „Komm, du geile Braut, ich habe ein bequemes Bett zu Hause."
7. „Dann könnten wir mal schwimmen gehen."
8. Er berührte sie leicht am Arm und sah ihr mit seinem schönsten schmelzenden Blick in die Augen.
9. Ich denke, dieser Dreigroschenroman spielt wie im richtigen Leben: So versaut ist er.

Mit diesen Vorgaben schrieb Kai (13) folgende Geschichte:

Kurt-Dieter Gärtner war Rechtsanwalt von Beruf. Er trug eine braune Hornbrille, hatte leicht vorstehende Zähne, eine dicke Nase und braune Haare, die er stets nach vorne kämmte. Er war ein Mann mittleren Alters und immer gut gekleidet. Sein liebstes Hobby waren Mädchen und Sex. Er hatte sich nach Amerika versetzen lassen, um dort mit einer eigenen Kanzlei ein neues Leben anzufangen, und er hatte kaum seine Kanzlei eingerichtet, da bekam er auch schon seinen ersten Fall: Eine Frau. Ihre äußerliche Erscheinung wirkte sehr gepflegt. Ihre Haare sind kurz geschnitten gewesen, und ihr Gesicht war immer geschminkt. An ihrem Parfüm konnte man sie schon 4 Straßen weiter erkennen. Sie hieß Mary-Anne und sollte hingerichtet werden, weil sie mit Rauschgift in der Tasche erwischt wurde. Gärtner versprach, ihr zu helfen. Zwei Tage später begegneten sie sich wieder. Der Prozeß war gut verlaufen. Sie war frei. Sie trafen sich auf dem Schlachthof neben der Kanzlei. Nun konnte er nicht länger widerstehen. Daher sagte er zu ihr: „Komm, du geile Braut, ich habe ein bequemes Bett zu Hause." Er berührte sie leicht am Arm und sah ihr mit seinem schönsten schmelzenden Blick in die Augen. Sie willigte strahlend ein und ging mit ihm. Den ganzen Nachmittag wälzten sie sich stöhnend im Bett hin und her. Spät am Abend hauchte sie: „Morgen habe ich wieder Zeit. Dann könnten wir mal schwimmen gehen."
Der Leser klappte das Buch zu: „Ich denke, dieser Dreigroschenroman spielt wie im richtigen Leben, so versaut ist er."

Reißverschlußgeschichte

Aufgabe: Die Schüler sitzen im Kreis. In der 1. Runde schreibt jeder den ersten Satz einer Geschichte auf sein Papier und gibt es seinem Nachbarn unverdeckt. Der *denkt* sich einen zweiten Satz, schreibt ihn aber nicht hin, sondern läßt etwas Platz. Dann überlegt er sich einen dritten Satz, und diesen schreibt er hin (1. Schritt).

In der nächsten Runde hat jeder Schüler einen ersten und dritten Satz vor sich liegen. Seine Aufgabe ist, die Lücke zu füllen. Er schreibt also den fehlenden 2. Satz und gibt das Blatt weiter (2. Schritt).

In der 3. Runde hat jeder schon einen schönen kleinen Anfang einer Geschichte vor sich liegen. Wieder *denkt* man sich nun den nächsten Satz, schreibt aber nicht ihn, sondern erst den übernächsten Satz hin.

In der 4. Runde wird wieder die Lücke gefüllt, usf.

Das Ende muß angekündigt werden: „Jeder schreibt jetzt den letzten Satz!"

In der nächsten Runde wird noch einmal eine Lücke gefüllt. Dann kommt eine letzte Runde: Der letzte Schreiber muß eine Überschrift zu dem Text erfinden, und dann liest er ihn vor.

Erläuterungen: Diese nicht ganz einfache Aufgabe verlangt viel Phantasie. Sie lenkt die Aufmerksamkeit auf das Problem der inhaltlichen und syntaktischen bzw. textuellen Kohärenz und macht überhaupt bewußt, daß Geschichten aus Sätzen bestehen.

Die Aufgabe ist auch in größeren Gruppen möglich; sie erfordert keine bestimmte Zeit. Gut ist es, wenn der Zettel einmal reihum geht, so daß der erste Schreiber auch derjenige ist, der am Ende die Überschrift erfindet und das gesamte Werk vorliest. Die Schüler müssen ermahnt werden, deutlich zu schreiben.

Varianten: 1. Zur Vorbereitung dient das bekannte und wesentlich einfachere Spiel, bei dem reihum hintereinander ein Text geschrieben wird: Jeder Teilnehmer der Runde schreibt einen Satz oder Abschnitt (oder: schreibt zwei Minuten lang) und gibt dann den Zettel seinem Nachbarn, der den Text fortsetzt. Wenn man nicht möchte, daß Unsinnstexte entstehen, sollte der Zettel offen weitergegeben werden, und der Schreiber muß erst einmal lesen, was die Vorgänger geschrieben haben.

2. Man kann auch Reißverschluß-Gedichte schreiben: Der 1. Schüler schreibt die erste Zeile, der 2. die dritte, der 3. die zweite, der 4. die fünfte usw.

Erfahrungen: Zwar verstehen die Teilnehmer rasch, was von ihnen erwartet wird, aber sie erkennen nicht die Schwierigkeiten. Jüngeren Schülern fällt es bisweilen schwer, einen Satz nur zu denken, aber nicht aufzuschreiben: Sie lassen zwar einen Abstand, schreiben aber dann den nächsten Satz statt dem übernächsten. Natürlich hat es dann der Nachbar recht schwer, in diesen kohärenten Text noch einen Satz hineinzuschieben!

Evtl. sollte man deshalb zunächst die Beispiele besprechen.

Zeitbedarf: Pro „Runde“ zwischen 1 und 4 Min.: Am Ende dauert es länger, weil ja jeder erstmal lesen muß, was die Vorgänger alles geschrieben haben.

Beispiele:

I. Filmriß

1. Schritt:

– Benjamin kam heulend aus dem Klassenzimmer gerannt.

2. Schritt:

– Harald Gerber, der aufsichthabende Lehrer, prallte erschrokken zurück, kam dann auf Benjamin zu und stellte sich vor ihn hin.

– Er fragte den Kleinen: „Warum heulst du denn, Benjamin?"

– „Dieser Feigling von Lehrer hat mich wegen frechen Betragens nach Hause geschickt", heulte der Kleine, „da habe ich ihn zum Duell gefordert."

– Zwei Tage später fand das Duell statt. Es fiel ein Schuß, und Benjamin sprach:

– „Und nun liegt er da, so schlaff und ganz rot im Gesicht."

– Er lachte laut auf; es kam ein Polizeiwagen.

– Der Polizeiwagen kam zum Stehen, und zwei Männer sprangen heraus.

– Aber da rief der Regisseur: „Stop, stop, stop! Alles nochmal von vorn! Der Film ist gerissen!"

II. Skandal in Kleinquarkstedt

– Es war ein sonniger Freitagnachmittag in der Dorfschule von Kleinquarkstedt.

– Die Jugendlichen unterhielten sich über neueste Drogen und Medikamente; daß Klaus fehlte, merkte keiner.

– Plötzlich kamen der Lehrer und der Direktor mit ernsten Gesichtern in die Klasse und sagten, Klaus sei beim Kokain-Rauchen erwischt worden.

– Da stand Klaus plötzlich am Eingang und erschoß zwei Schüler.

– Das verursachte eine große Unruhe, und der Direktor hatte Mühe, die Schüler wieder zu beruhigen.

– Während ein Lehrer seine Klasse beruhigen wollte, stellte der Direktor eine Frage: „Woher hatte Klaus die Waffe?"

– „Das war ich nicht, das war der Osterhase!" behauptete Klaus mit Unschuldsmiene.

– Da nahm der Lehrer Klaus die Waffe aus der Hand, zog ihm damit eins über und ließ sich dann bedingungslos wegen Dealerei festnehmen. Als man ihn auf der Wache fragte, warum er einen Schüler niedergeschlagen hätte, meinte er gelassen: „Das Schwein hat mich verraten, ‚Osterhase' ist mein Tarnname!"

Tabu

Aufgabe: Schreibe einen Brief an einen Partner, der dich nicht kennt. Du beschreibst dich darin selbst. Da bei der Maschine, mit der du den Brief schreibst, die Buchstaben TABU klemmen, mußt du ohne sie auskommen.

Erläuterungen: Die Aufgabe regt den Erfindergeist an; die künstliche Erschwernis macht den Reiz der ansonsten eher langweiligen Aufgabe aus. Man kann sie deshalb – gerade in neu zusammengesetzten Teilnehmergruppen – auch in Verbindung mit der ernstgemeinten Aufgabe, sich selbst zu beschreiben, stellen: Nachdem dies gemacht worden ist, soll es wiederholt werden unter Vermeidung bestimmter Buchstaben. Das erfordert, daß viele Sätze völlig verändert, ja gestrichen werden.

Natürlich können auch andere Buchstaben tabuisiert werden (z. B. DOOF wie im Beispiel unten); 4 Buchstaben sind die Obergrenze, sofern ein Vokal dabei ist. Für den Anfang sollte man eher nur zwei oder drei Buchstaben tabuisieren, allerdings nie E, da es zu viel benötigt wird.

Selbstverständlich können auch andere Texte (eigene wie fremde) so umgeschrieben werden, daß bestimmte Buchstaben nicht vorkommen.

So unterhaltsam die Aufgabe auch ist, so zeigt sie doch auch etwas Wichtiges: Wenn aus irgendeinem Grund ein Wort nicht paßt, kann ein anderes gefunden werden; aber oft muß dann der ganze Satz geändert werden.

Man kann die seltsamen Selbstvorstellungen auch anonym vorlesen und dann raten lassen, wer jeweils der Autor war.

Erfahrungen: Die Teilnehmer entwickeln unterschiedliche Strategien, um mit den „klemmenden Tasten" zurechtzukommen: Einer macht immer ein Sternchen, läßt also die Buchstaben einfach aus; einer nimmt fremdsprachige Wörter, wenn die deutschen nicht gehen; einer verschleift umgangssprachlich ...

Die Doppelung der Schreibaufgabe – erst eine seriöse Selbstvorstellung, dann eine witzige Lösung der Schwierigkeit – erwies sich als problematisch: Entweder stellen sich die Schüler auf die Selbstvorstellung ein und wollen sich gegenüber den anderen Gruppenmitgliedern ins rechte Licht setzen – dann fühlen sie sich bei der 2. Aufgabe veralbert. Oder sie nehmen die 1. Aufgabe nicht ernst und sind erst bei der 2. Aufgabe richtig motiviert. Wahrscheinlich wäre es besser, einen anderen, weniger persönlichen Text auf der kaputten Schreibmaschine schreiben zu lassen.

Das Vermeiden der Buchstaben TABU erwies sich als sehr schwer; es sollten weniger Buchstaben tabuisiert werden, vor allem nur ein Vokal (vgl. Beispiel).

Da immer wieder tabuisierte Buchstaben verwendet wurden, machten wir ein Pfänderspiel: Jeder Verstoß kostete ein Pfand.

Zeitbedarf: Schreiben der Texte 20 Min., Vorlesen pro Schüler 3–5 Min.

Anmerkung: Wir erhielten die Idee zu dieser Aufgabe durch einen Bericht über eine Schreibwerkstatt, die Peter Bichsel durchgeführt hat. (Michael Guggenheimer: Eine Kurswoche mit Peter Bichsel. In: Education permanente 85/3. Zürich 1985, S.132f.)

Bichsel tabuisierte die Buchstaben AMOR (!) und ließ zunächst die Struwwelpeter-Geschichte vom bösen Friedrich ohne diese Buchstaben erzählen, danach eine Kurzbiographie erstellen.

Beispiele: Tabuisiert waren die Buchstaben DOOF

Christine (13):

Liebe Vic!
Ich bin 13 Jahre alt, etwa 1,70 m lang, hab kurze, hellbraune Haare et grüne Augen.
Ich habe 3 ältere Geschwister (26, 24, 17) et eine kleine Schwester. An Haustieren haben wir einen chien (ein Mix aus einem kleinen + einem big chien, heißt Kamelle), eine Katze (le chien Bauernkatze, Mickey Maus) et einen Graupapagei (Jacques, ist 20 Jahre alt et kann sprechen). Wir leben etwas außerhalb Hamburgs, haben einen big Garten et ein big Haus.
Ich tue am liebsten: Klavierspielen, Lesen, Stricken, Musik hören et in blauen Himmel gucken.
Ich mag überhaupt nicht tun: zur Schule gehen et über'n Kasten springen.

Michael (13): Die Sache mit dem DOF

Hy Vic!
Ich bin Sepp, besser g'sagt, Mischi aus Hamburg.
Ma' Schreibmaschin' is kaputt, 3 Typen.
Alles klar? Ich bin 1,61 m lang, hab braunes Haar un' a Brillen, gell?
Ma' Englischlehrerin hat ma ...a A...ress, ja mei!
Jetzt hab ich ma' vertippt!
Ich leb in a Außenbezirk von Hamburg. Ich glaub ma habn viel Spaß zsammen, gell? Ma Höbbys, tja, ma Typen san zur Hölle, san Gitarre spielen, Skien in a Alpen usw.
Sag amal, was san Höbbys (geht net) vön Vic?
Gööd bye! Au revöir! Grüezi alle miteinant!

Das Elfchen

Aufgabe: Das „Elfchen“ ist ein kurzes Gedicht aus nur elf Wörtern, verteilt auf fünf Zeilen. Dabei ist folgendes zu beachten:

1. Zeile = 1 Wort: eine Farbe
2. Zeile = 2 Wörter: etwas, das diese Farbe hat / ein Gegenstand mit dieser Farbe
3. Zeile = 3 Wörter: Wo es ist / was es tut / der Gegenstand in genauerer Bestimmung
4. Zeile = 4 Wörter: Noch etwas mehr erzählen / evtl. ein Satz mit „Ich“ beginnend dazu
5. Zeile = 1 Wort: ein Abschluß

Erläuterungen: Das „Elfchen“ eignet sich besonders gut für den Anfang einer Lyrik-Sequenz. Die engen formalen Vorgaben, das Schreiben von Gedichten nach Regeln erleichtert sowohl einen Bruch mit den Vorurteilen über Lyrik und dem Klischee, ein Gedicht sei, was sich reimt, als auch den Bruch mit der gewohnten Prosa-Grammatik. Ein übriges tun der Zwang zur Reduktion, zum Einhalten eines (vorgegebenen) Konstruktionsprinzips und das Entdecken des künstlich Gemachten, Gebauten, Zusammengesetzten an einem Gedicht.

Erfahrungen: Das Ganze ist nicht so leicht, wie es aussieht: Einige Schüler haben Schwierigkeiten, sich auf die engen Vorgaben einzulassen. Auf die Einhaltung der Regeln ist jedoch zu dringen; dabei kann man die „Kniffeligkeit“ in der Art eines besonders schwierigen Rätsels, einer Denksportaufgabe hervorheben. Gerade dieser Spielcharakter macht nämlich Schülern Spaß, und manche bemühen sich, nicht nur *eine* Aufgabenlösung zu finden, sondern sie produzieren gleich eine ganze Serie von „Elfchen“.

Zeitbedarf: Schreiben 10 Min., Vorlesen und Besprechen pro Text 1–2 Min.

Anmerkung: Wir verdanken diese Idee Jos van Hest (Autorenfachschule „Het colofon“, Amsterdam)

Beispiele: Aeiolia (13):

grün
ihre Augen
eine geheimnisvolle Katzenhaftigkeit
im Bann des Mondes
Schönheit

Nadine (13):

Schwarz
Die Nacht
Finster und unheimlich
Niemand in der Nähe
Angst

Haiku

Aufgabe: Das Haiku ist ein japanisches Kurzgedicht, bei dem in drei Zeilen siebzehn Silben untergebracht werden müssen, und zwar in der strengen Form so:

1. Zeile: fünf Silben
2. Zeile: sieben Silben
3. Zeile: fünf Silben

Das Haiku geht von einem Bild aus, von einem genau gesehenen Gegenstand, von einer konkreten Situation in der Natur.
Nach Möglichkeit sollte das Haiku dialektisch aufgebaut sein und sich von einem Pol zum anderen bewegen.

Erläuterungen: Für diese Aufgabe gilt im Prinzip das für das „Elfchen" Gesagte. Durch die Silbenfestlegung bestimmen formale Vorgaben und Beschränkungen nur noch mehr die Feinstruktur des Gedichts.

Erfahrungen: Die Aufgabe ist von der Struktur her ähnlich wie die des „Elfchens", aber anspruchsvoller. Um so mehr reizt auch hier die „Kniffeligkeit", die Herausforderung, auch noch die letzte Hürde zu nehmen. Gewiefte Schreiber versuchen, möglichst viele Vorgaben zu erfüllen. Es ist jedoch möglich, schwächere Schreiber von inhaltlichen Festlegungen (Gegenstand/Situation in der Natur und Gegensatz/Polaritätsprinzip) zu entlasten, so daß sie sich nur noch mit der Formvorgabe der Silben auseinandersetzen müssen.
Auch bei den Silben ist eine Erleichterung möglich: In einer weniger strengen Form des Haikus kommt es lediglich darauf an, ein Gedicht mit 17 Silben zu verfassen. Die Aufteilung der Silben auf drei Zeilen ist dabei freigestellt.
Es ist aber wichtig, darauf zu achten, daß aus dem Haiku nicht nur eine formale Spielerei wird. Eine Schülerin klagte darüber, daß es ihr sehr schwer fiele, einen Sinn in ihr Gedicht zu bekommen, wenn nur drei Zeilen zur Verfügung stehen.

Variante: Das Haiku-Schreiben läßt sich auch als Schreibspiel in der Form eines Reihum-Textes durchführen. Dabei schreibt der erste die erste Zeile, der zweite die zweite, der dritte die dritte Zeile, der vierte verfaßt die Überschrift, der fünfte liest vor. Ob die Silbenzahl pro Zeile oder nur insgesamt vorgeschrieben werden soll, muß vorher festgelegt werden.

Zeitbedarf: Schreiben 15 Min., Vorlesen und Besprechen je Schüler 1–2 Min.

Beispiele: Aeiolia (13)
Schön schillernder Lachs
Voll Lebenskraft flußaufwärts
ins Netz des Fischers

Jana (13)
Drei schöne Schafe
zwei weiße und ein graues
durch Mauern getrennt

Multiple-Choice-Lyrik

Aufgabe: Suche dir ein Gedicht und tilge einige wichtige Wörter. Gib für diese Wörter mehrere Möglichkeiten zur Auswahl an, natürlich auch die originalen. Laß dann die anderen Teilnehmer raten, welches die originalen Wörter sind.

Erläuterungen: Diese Aufgabe verlangt zwar nicht das Schreiben eines Textes, aber sie lenkt die Aufmerksamkeit auf die Wortwahl: Die Ersatzwörter müssen ja sowohl inhaltlich wie rhythmisch und metrisch passen. Im übrigen regt die Aufgabe dazu an, in Lyrikanthologien zu schmökern und überhaupt Gedichte zu lesen; das ist nicht zuletzt deshalb wichtig, weil manche Schüler lange Zeit die Vorstellung haben, ein Gedicht sei etwas, das sich reimt. Die Kenntnis schon vorhandener Lyrik ist in jedem Fall für das eigene Schreiben von größter Wichtigkeit.

Zur Vorbereitung der Aufgabe ist es sinnvoll, zunächst einmal schon präparierte Gedichte (vgl. Materialteil) vorzulegen und die richtige Alternative finden zu lassen. Um die Aufgabe durchzuführen, braucht man möglichst viele unterschiedliche Lyrik-Anthologien. Notfalls tun es natürlich auch gleiche Bücher (Klassensatz), und wenn es gar nicht anders geht, kann man auch das Lesebuch nehmen. Die Gedichte müssen schriftlich vorliegen; am besten wird mit Overhead-Folien gearbeitet.

Erfahrungen: Da die Aufgabe viel Freiheit läßt, gemeinsames Tun ermöglicht und ein beinahe sportliches Ziel hat, wird sie recht gern ausgeführt.

Bevor die Teilnehmer selbst Gedichte „präparieren“, sollte ihnen bewußtgemacht werden, daß die Ratenden nur dann eine faire Chance haben, wenn die ersetzten Wörter weder zu auffällig noch zu unauffällig sind.

Die Besprechung kostet viel Zeit, und es ist keineswegs immer mit Konsens zu rechnen. Wichtiger als das Finden der richtigen Lösung ist das Begründen der eigenen Meinung.

Variante: Der Lehrer „präpariert“ das Gedicht eines Schülers.

Zeitbedarf: Finden der richtigen Alternative in schon präparierten Gedichten: 30–45 Min.; Auswählen und eigenes Präparieren eines Gedichts 30 Min.; Bestimmen der richtigen Alternative pro Gedicht ca. 10 Min.

Anmerkung: Die Idee des „Multiple-Choice“-Verfahrens bei Gedichten stammt von Ingeborg Meckling (Meckling, Ingeborg: Fragespiele mit Literatur, Frankfurt: Diesterweg 1985, S. 84 f.)

Material: Hugo von Hofmannsthal: Die Beiden

Sie ... (hielt/trug/hat/hob) den Becher in der Hand
– Ihr Kinn und Mund glich seinem Rand –,
So leicht und ... (fest/sicher/lässig/fröhlich) war ihr Gang,
Kein Tropfen aus dem Becher sprang.

So leicht und ... (fest/sicher/lässig/schön) war seine Hand,
Er ritt auf einem jungen Pferde,
Und mit nachlässiger Gebärde
Erzwang er, daß es zitternd stand.

... (Kaum, daß/Sobald/Wann immer/Jedoch, wenn) er aus ihrer Hand
Den leichten Becher nehmen sollte,
So war es beiden allzu schwer:
Denn beide ... (weinten/wankten/bebten/zitterten) sie so sehr,
Daß keine Hand die andre fand
Und dunkler Wein ... (den Boden färbte/zu Boden floß/den Boden netzte/am Boden rollte).

Friedrich Hölderlin: Menschenbeifall

Ist nicht heilig mein Herz, schöneren Lebens voll,
Seit ich liebe? Warum achtetet ihr mich mehr,
Da ich stolzer und wilder,
Wortereicher und ... (geschwätziger/mächtiger/trunkener/leerer) war?
Ach! Der Menge gefällt, was auf den Marktplatz taugt,
Und es ehret der Knecht nur den Gewaltsamen;
An das Göttliche glauben
Die allein, die ... (es selber sahn/es in sich spüren/in Liebe sind/es selber sind).

Beispiele: Judith (13) präparierte folgendes Gedicht:

Manfred Hausin: Bergtour

Auf halber Höhe
ist plötzlich der Lift ... (kaputt/defekt/ausgefallen)
das Ziel schon ... (zu sehen/zu entdecken/vor Augen)
Da rufen ... (die Touristen/wir/die anderen)
Das ist doch ... (die Höhe/das Ende/der Gipfel)

Tadeo (14) präparierte folgendes Gedicht:

Ernst Meister: Schwalben vor grenzenloser ...

Schwalben vor grenzenloser
Abendlichtung, ihr
Stich um Stich
durchs Luftgewebe.
Ich frage ... (den Himmel/den Wind/die Kälte/die Meere)
Ich frage ... (denSommer/den Winter/den Herbst/den Frühling)
dieser Erde:
... (ist es wahr/ists wahr/ist es wirklich wahr/wird es wahr)
daß ich lebe?
Da macht eine Schwalbe
durch mich einen Stich.

(Lösungen:
Hofmannsthal: trug, sicher, fest, Jedoch wenn, bebten, am Boden rollte
Hölderlin: leerer, es selber sind
Hausin: defekt, vor Augen, die Touristen, der Gipfel
Meister: den Himmel, den Sommer, ists wahr)

Chinesisches Wortgitter

Aufgabe: Den Schülern wird kommentarlos ein „Chinesisches Wortgitter“ vorgelegt (s. Material). Erst wenn sie über Herkunft und Funktion dieser Vorlage spekuliert haben, wird preisgegeben, daß es sich dabei um ein chinesisches Gedicht handelt. Dabei ist jedes Zeichen ein Sprach-Bild, das für einen Gegenstand oder eine Tätigkeit steht. Die Worte stehen unverbunden nebeneinander, und der Leser muß den Zusammenhang herstellen. Wer so ein Gedicht übersetzen will, muß die isolierten Wörter verbinden.

a) Betätige dich als „Übersetzer“ und stelle aus den isolierten Wörtern ein zusammenhängendes Gedicht her.

b) Entwirf selbst ein Wortgitter. Würfele dabei nicht wahllos irgendwelche Wörter zusammen, sondern denke daran, daß sie im Chinesischen schon ein Gedicht wären. Das Wortgitter soll von oben nach unten und von links nach rechts lesbar sein, d. h., es muß sowohl einen horizontalen als auch einen vertikalen Zusammenhang geben.

c) Die Wortgitter werden eingesammelt und unter den Schülern verlost. Schreibe nun – wie unter a) – ein Gedicht zu dem erlosten Wortgitter!

Erläuterungen: Gedichte sind reduzierte Sprache; die syntaktischen und semantischen Beziehungen der Wörter sind oft nicht eindeutig, sondern vieles bleibt offen.

Diese Aufgabe vergrößert die Mehrdeutigkeit und Offenheit, indem sie eine Spielsituation konstruiert. Wichtig ist, daß alle Phasen des Spiels gleichermaßen zu ihrem Recht kommen; deshalb muß das Material schrittweise eingegeben werden, und es darf nicht zu schnell auf die abschließende Schreibaufgabe zugesteuert werden.

Beim Schreiben des Gedichts ist es möglich, für bestimmte Wörter des „Wortgitters“ auch Synonyme zu gebrauchen; auch Übersetzer kennen ja nicht nur das eine richtige Wort!

Das Erstellen eigener Wortgitter führt spielerisch zu reduzierten Formen der modernen Lyrik, speziell der „Konkreten Poesie“, hin. Es stellt eine extreme Form der Verdichtung dar und fordert den Schülern einiges an Abstraktion, an äußerster Verknappung bei gleichwohl genügender Konkretheit für den weiterschreibenden Mitschüler ab.

Erfahrungen: Die Schüler reizt besonders der Rätsel- und Spielcharakter und das Exotische dieser Aufgabe.

Beim Spekulieren über das „Chinesische Wortgitter“ sind sie äußerst gespannt darauf, herauszubekommen, worum es geht. Vom Witzeln über „Vokabeln für Anfänger“ bis hin zum Erkennen von Strukturen und Zusammenhängen in der Senkrechten und Waagerechten des Wortgitters kommen immer genauere Beobachtungen zustande. Schwierigkeiten haben die Schüler in der Regel nicht mit dem Verfassen eines Gedichts aus den vorgegebenen Worten des Gitters (hierbei ist zu beachten, daß alle Wörter benutzt und womöglich die chinesischen Ordnungsprinzipien eingehalten werden), sondern später mit dem Herstellen eigener Wortgitter: Es ist schwer, nicht nur beliebige Wortreihen aufzulisten und gleichwohl selbst das Gedicht noch nicht auszuführen. Ein Schüler machte deshalb den Vorschlag, zuerst selbst ein Gedicht zu schreiben, um daraus dann die Wörter für sein Wortgitter auszuwählen.

Zeitbedarf: Vorüberlegungen 10–15 Min., Erstellen der Gedichte aufgrund des „Chin. Wortgitters“ 10 Min., Vorlesen und Besprechen pro Schüler 1–2 Min.; Erstellen eigener Wortgitter 10 Min.; Verlosen und Schreiben der Gedichte zu den Wortgittern 15 Min.; Vorlesen und Besprechen pro Schüler etwa 5 Min.

Anmerkung: Auf die Idee zu dieser Aufgabe kamen wir durch das „Chinesische Wortgitter“ bei Gerhard Haas, Handlungs- und produktionsorientierter Literaturunterricht in der Sekundarstufe I, Hannover: Schroedel 1984, S.31ff.

Material: Nehmen wir etwa die Eingangszeilen des Gedichts „Ich sehne mich nach dem Frühling“ von Tu Fu (712–770), der zusammen mit Li Po zu den genialsten Dichtern nicht nur der chinesischen, sondern der Weltliteratur zählt. Sie lauten in der Übertragung von E. Feifel:

Das Land ist verwüstet, nur die Berge und Flüsse sind noch wie zuvor.
Frühling kam in die Stadt, Gräser und Bäume sprießen.
Gedenke ich der vergangenen Unglücksjahre, so fallen meine Tränen auf die Blumen.
Selbst das Singen der Vögel läßt mich den Schmerz der Trennung nicht vergessen.

Im Original sieht das Gedicht aber so aus:

Kuo (Land	P'o Zerstören	Shan Berg	Ho Fluß	Tsai Dasein)
Ch'êng (Stadt	Ch'un Frühling	Ts'ao Gras	Mu Baum	Shen Tief)
Kan (Fühlen	Shih Zeit	Hua Blume	Chien Gießen	Lei Träne)
Hên (Haß	Pie Trennen	Niao Vogel	Ching Schrecken	Hsin Herz)

Beispiel: Jana (13) machte aus dem originalen Wortgitter folgendes Gedicht:

Krieg
Zerstörtes Land,
Trümmer türmen sich berghoch auf,
des Flusses Dasein endet in der Unendlichkeit der Erde.
Krieg
Die einst blühende Stadt
wird den Frühling, das grüne Gras, die alte Eiche
nie mehr erleben,
wie tief ist sie gesunken.

Krieg
Keine Zeit kann mehr gefühlt werden,
von den Bomben verschonte Blumen
werden von Tränen begossen.
Krieg
Der Haß trennt die Liebenden,
der Vogel verstummt und flieht gen Süden.
Der Schrecken des Todes erfüllt unser Herz.

Anja (13) schrieb zum selben Wortgitter:

ZERSTÖRTES LAND
Ein Leben zwischen Berg und Fluß
Der Frühling der Stadt ist verblaßt
Gräser und Bäume tief in unseren Gedächtnissen
Wir fühlen die Zeit verwelken einer Blume gleich
Keine Träne vergießen
Unsere Herzen erfüllt von Haß und Schrecken
Sehnsucht nach der Freiheit der Vögel

Nadine (13) entwarf folgendes Wortgitter:

Vogel	Fliegen	Einsam	Kraftlos	Land
Schrecken	Anblick	Traurig	Ende	Verwüstet
Furcht	Sturz	Blicken	Welt	Tod
Menschen	Dumm	Schuld	Brechen	Herz

Daraus machte Susanne (13) folgendes Gedicht:

Der letzte Vogel fliegt einsam gen Süden.
Kraftlos sitze ich auf einem Felsen
und sehe über das kahle Land.
Der Anblick erfüllt mich mit Schrecken und
traurig betrachte ich das Ende,
die verwüstete Gegend.
Voller Furcht vor dem Sturz
erblickt die Welt den Tod.
Doch die Menschen sind zu dumm,
um ihre Schuld zu begreifen.
Und trotzdem brechen ihre Herzen.

Anna-Maria (13) entwarf dieses Wortgitter:

Vorhang	Drama	Publikum	Schauspieler
Liebschaften	Premiere	Neid	Aufregung
Schminke	Kostüme	Hektik	Ende
Beifall	Foyer	Sekt	Leseprobe

Wie könnte das Gedicht dazu aussehen?

Gedichte zur Wahl

Aufgabe: Aus Gedichtbänden sucht sich jeder Schüler ein nicht zu langes Gedicht, bei dem er eine Hälfte neu schreiben möchte.
Je zwei Schüler einigen sich nun auf ein ausgewähltes Gedicht.
Dann schreibt jeder der beiden eine Fortsetzung zu einem Teil dieses Gedichtes. Beide Partner müssen das Original an derselben Stelle fortsetzen.
Am Ende schreibt einer alle drei Fassungen – also auch das Original! – auf ein Blatt (bzw. auf eine Wandzeitung oder Overhead-Folie).
Die anderen Teilnehmer müssen jetzt raten, welches das Original ist.

Erläuterungen: Die Aufgabe dient zunächst einmal dazu, die Teilnehmer zum Schmökern in Anthologien anzuregen. Gut ist, wenn viele unterschiedliche Bücher zur Verfügung stehen. Bei der Wahl des Gedichts spielt persönliche Vorliebe eine Rolle, aber auch Taktik: Welches Gedicht eignet sich, um die anderen Teilnehmer zu narren? (Im allgemeinen sind schlechte Gedichte besser geeignet als gute, neuere besser als ältere, reimlose besser als sich reimende.)
Die Partnerarbeit zwingt zur Reflexion und Begründung der getroffenen Entscheidung.
Das Schreiben der neuen Hälften verlangt genaues Beachten von Inhalt, Wortlaut und Schreibweise der Vorlage.

Erfahrungen: Die Aufgabe ist außerordentlich reizvoll und macht in allen Phasen Spaß. Wichtig ist, daß genügend Zeit zur Verfügung steht, vor allem für das Schmökern und Aussuchen der Gedichte. Das Schreiben selbst dauert ganz unterschiedlich lang; das hängt natürlich auch von der Länge des zu schreibenden Textes ab. Meistens wird die zweite Hälfte neu geschrieben, obwohl das nicht zwingend ist. Nützlich ist ein Kopiergerät; denn zum Raten sollten die Texte allen Teilnehmern schriftlich vorliegen. Praktisch ist es natürlich auch, wenn gleich auf Overhead-Folie geschrieben wird.

Zeitbedarf: Besprechen und Erraten eines Beispiels 15 Min., Schmökern und Partnerarbeit 30–45 Min., Raten und Besprechen pro Gedicht ca. 5–10 Min.

Beispiele: Janne (14)/Thomas Erwin (Original)/Anja (14):

Landschaft

Vogelschwarmwirbel im Wolkengrau
die Herbstflucht zur Wärme
unsere Singvogelflucht
kreischt übers Land
hinter den Hügeln liegen die Felder
noch brach
des Schwalbenfluges gespaltener Schwanz
zieht sich tief in unsere Gedächtnisse ein

1. Die Erinnerung wie
   ein kalter Winter immer wiederkehrend
   kahl und rauh das Land
   und lebende Herzen liegen unter
   dem gefrorenen Boden.
   Das Gekreische der Vögel
   und der heulende Wind
   vermischt sich zu einem sterbenden Leib
2. Von Fakirs Nagelbrett gestochen unsere Seelenfetzen
   und zerquetscht davon manch Stücken Herz
   doch ist der Gedanke noch,
   jeder Abschied wird die Reise loben
3. Wie von unsichtbarer Hand gezogen
   gleiten die Schwärme über das Land
   verdunkeln den Himmel
   anpassend der Jahreszeit
   Vogelschwarmwirbel im Wolkengrau
   jeder schwere Abschied wird die Reise loben

Bodo (14)/Wolfgang Bittner (Original)/Johannes (14):

Allmählicher Übergang

Wir kehren nie mehr
zurück.
Ein Haus,
eine Ligusterhecke,
über dem Sandweg
das Laub
und die Sonne
auf den roten
Ziegeldächern.
Weit entfernt
Hunger, Arbeit
und Schläge.

1.
Der alte Ofen
aus verwittertem
Backstein.
Spiel der Mücken
in der flimmernden
Mittagshitze
Kühlendes Wasser
umspielt unsere trä-
gen Glieder
Das Leben
hat seinen Ernst
endlich verloren,
fast wie ein Spiel
das man nicht ge-
winnt

2.
Das Fahrrad
mit Gangschaltung,
Flöten aus Weiden-
rinde,
Angelnachmittage.
Ein Klassenfoto mit
sich verwischenden
Erinnerungen
und Angst,
die tiefer wurzelt,
als Gedanken reichen.
Allmählich aber
erfassen die Augen
den Horizont.

3.
Das alte Auto
ohne Scheiben,
Kinderbücher
aus vergessenen
Tagen.
Ausflüge
an den alten Kanal,
die Steinschleuder
aus Astgabel und
Fahrradschlauch
und wir sind glücklich
mit den Erinnerungen
so fern
aber doch so klar.

Zusammensetzung

Aufgabe: Es gibt in der deutschen Sprache viele Substantive, die aus zwei Wörtern zusammengesetzt sind. Dabei werden oft Teile zusammenmontiert, die für sich genommen andere und eigene Bedeutungen haben, z. B. Häuser-Meer, Buch-Rücken, Wind-Rose, Wort-Bruch, Ohr-Muschel, Wissens-Durst, Tränen-Strom.

Zwei Schüler tun sich zusammen und suchen sich ein zusammengesetztes Wort, verraten es den anderen aber nicht. Jeder der beiden wählt sich eine Worthälfte und schreibt dazu etwa zehn „lyrische" Zeilen untereinander. (Das kann schon ein Gedicht sein, aber es darf sich nicht reimen.)

Dann schieben die beiden Schüler ihre Texte so ineinander, daß daraus ein ganzes Gedicht entsteht. Die Zeilen können in eine beliebige Reihenfolge gebracht werden. Wenn sich die beiden Schüler nicht auf eine Reihenfolge einigen können, kann auch jeder seine Reihenfolge herstellen.

Die entstandenen zusammengesetzten Gedichte werden vorgelesen. Das Ausgangswort wird nicht genannt. Die Gruppe versucht, es zu erraten.

Erläuterungen: Diese Aufgabe benutzt ein häufig angewandtes poetisches Mittel: das Wörtlichnehmen. Durch die Dekomposition konventioneller bzw. lexikalisierter Metaphern gewinnen die Wörter eine eigentümliche Spannung. Im besten Fall überträgt sich diese Spannung auf die Gedichte.

Es empfiehlt sich, an der Tafel ein Beispiel vorzuführen: „Wind-Rose". „Wind" wird auf die linke Tafelhälfte, „Rose" auf die rechte geschrieben. Dann werden zu beiden Wörtern Assoziationen gesammelt, zu „Wind" etwa Sturm, Wind und Wetter, auf der Insel, Segelboot, Rückenwind, umgepustet; zu „Rose" stachelig, rot, duftet, Blumenstrauß.

Es ist nötig, daß die Aufgabe in einen Lyrik-Zusammenhang eingebettet ist, damit den Schülern klar ist, daß aus ihrem Tun ein Gedicht entstehen soll; sonst erhält man womöglich lauter Prosa-Sätze, die sich später nur äußerst schwer montieren lassen.

Erfahrungen: Die Hauptschwierigkeit dieser Aufgabe besteht im Zusammenmontieren der Einzeltexte zu einem neuen Gesamttext. Gelingt das, so ist es – auch aufgrund der dabei entstehenden Verfremdungseffekte – für die Beteiligten sehr reizvoll. Das Auffinden eines zusammengesetzten Wortes sowie das spätere Vorlesen und Raten bereitet hingegen wenig Probleme und macht im allgemeinen allen Schülern Spaß.

Zeitbedarf: Finden des zusammengesetzten Wortes und Schreiben der Einzeltexte ca. 10 Min., Montage 10 Min., Vorlesen, Raten, Besprechen pro Text ca. 10 Min. (Meist werden nach dem Raten noch die Ausgangstexte vorgelesen.)

Anmerkung: Wir verdanken die Idee zu dieser Aufgabe Ingeborg Meckling. Vgl. Blumensath, Heinz/Gundel Mattenklott (Hrsg.): Lehrer schreiben. Arbeitspapier des Päd. Zentrum Berlin. S. 46f.

Beispiel:

Friederike (15): SEHNEN

Ich laufe beständig
und atme ganz tief
ein seltsames Ziehen im Bauch

Ich schließe die Augen
und atme ganz tief
die Straße zieht mich durch das Land

Der Weg ist lang

Und ich versuche
ein vorsichtiges Lächeln
halb Hoffnung
halb Trauer

ICH
WILL

Johanna (15): VERSUCHUNG

Er sucht
Er versucht
Er hat sich versucht

Er braucht
Er verbraucht
Er wird verbraucht

Er findet
die SUCHT

er braucht
un be dingt

SEHNSUCHT

Ich laufe beständig
Er sucht
und atme ganz tief
Er versucht
ein seltsames Ziehen im Bauch
Er hat sich versucht

Ich schließe die Augen
Er braucht
und atme ganz tief
Er verbraucht
die Straße zieht mich durch das Land
Er wird verbraucht

Der Weg ist lang

Und ich versuche
Er findet
ein vorsichtiges Lächeln
halb Trauer
halb Hoffnung
die SUCHT

ICH WILL

er braucht
un be dingt

Gedichte zu Gedichten

Aufgabe: Laß dich durch ein Gedicht zu einem Gedicht anregen.
a) Die Vorlage stammt aus einem Buch, von einem professionellen Autor.
b) Die Vorlage stammt von einem Laien bzw. einem Mitschüler.

Erläuterungen: Es gibt viele Gedichte, die durch andere Gedichte angeregt worden sind, bisweilen sind sie eine direkte Reaktion. Meistens geht der Antwortende auf den Inhalt, die Aussage der Vorlage ein; aber auch die Form kann zur Nachahmung oder Parodie reizen.
Wenn auf Gedichte aus der Gruppe lyrisch geantwortet wird (= b), dient der Antworttext der literarischen Kommunikation und das Gedicht wird zur Botschaft. Verschlüsselung, Spielerei, Scherz sind ebenso möglich wie ernsthafte, aber indirekte Annäherung und Berührung.

Erfahrungen: Alles hängt hier davon ab, daß der Schreiber intellektuell oder gefühlsmäßig von der Vorlage angesprochen wird; bloße Pflichterfüllung führt nicht zu guten Ergebnissen. Werden Vorlagen aus Anthologien gewählt, so müssen viele Bücher vorhanden sein, und die Schreiber müssen selbst entscheiden können, welches Gedicht sie als Vorlage wählen.
Eine nützliche, aber sekundäre Motivation bildet das Erraten des Autors: Wer hat diese Antwort, diesen „Zurück-Text" geschrieben? Das ist insbesondere bei Vorlagen aus der Gruppe sinnvoll.

Varianten: a) Die Vorlage ist kein Gedicht, sondern ein Prosatext: „Gedichte zu Geschichten".
b) Die Vorlage ist eine Geschichte, und dazu wird wiederum eine Geschichte geschrieben: „Geschichten zu Geschichten".

Zeitbedarf: Aufgabenstellung mit Beispiel 10 Min., Auswahl der Vorlage 10 Min., Schreiben 15–45 Min., Vorlesen und Besprechen pro Schüler 3–10 Min.

Material: I.

Bertolt Brecht:
Radwechsel (1953)
Ich sitze am Straßenrand.
Der Fahrer wechselt das Rad.
Ich bin nicht gern, wo ich herkomme.
Ich bin nicht gern, wo ich hinfahre.
Warum sehe ich den Radwechsel
Mit Ungeduld?

Yaak Karsunke:
Matti wechselt das Rad (1969)
während ich den reifen abmontiere
haut sich der chef auf die wiese, sieht
dauernd rüber.
als fahrer verwartest du stunden,
warum
wird er nervös wenn er einmal
auf mich warten muß? wenn die panne
ihn zuviel zeit kostet: er
kann mir ja helfen.

II.

Johann Wolfgang von Goethe:
Wanderers Nachtlied
Ein Gleiches (1780)
Über allen Gipfeln
Ist Ruh,
In allen Wipfeln
Spürest du
Kaum einen Hauch;
Die Vögelein schweigen im Walde.
Warte nur, balde
Ruhest du auch.

Karl Krolow:

Ein Ähnliches
Hübsch eingeritzt
– ein für allemal sitzt
das, spürest du.
Du bist im Nu
wie die Vögelein schweigend im
Walde.
Warte nur: Balde
rutscht die Müllhalde
auf dich zu.

Beispiele:

I.

Tadeo (14): Zu zweit
Weiße Wände
Kalter Stein
Spiegel und zerbrochenes Glas
Eiskaltes Wasser und Schnee.

Und dann
Sommer und einiges an Farbe
Warmer Asphalt, barfuß und zu zweit
Warmes Wasser, klar und frisch
Und Regenbögen, so viele Möwen …
Unmöglich unterdrücktes Lächeln.
Und da bist
Du

Judith (13): Zu zweit?
Weiß wie Tuch, wie Schnee, wie Kalk,
kalt wie Winter, wie kaltes Blut, wie kalte Blicke.
Soll nicht auch der Spiegel sein,
so gebrochen wie das Glas?
Wieso nun eiskalt?
Ist es nun noch kälter?
Kälter als Winter?
Kälter als kaltes Blut?
Kälter als kalte Blicke?
Und dann?
Ist deine Liebe schon Vergangenheit?
Sommer?
Ja!
Doch wieso nicht alle Farben?
alles Licht?
alle Kraft?

Warmer Asphalt
von der Sonne
von dem Sommer
von der Liebe erwärmt.
Barfuß
und nicht allein
doch manchmal doch allein
auf kaltgewordenem Asphalt.

Läufst du dir nicht die Füße wund?
Auf erkaltetem Asphalt?
Ohne Liebe?
Allein?

Warmes Wasser.
Du hast deine Liebe ins kalte
ins eiskalte Wasser geworfen,
doch nicht verloren.
Es hat nur so gezischt,
denn welche Liebe – sag' mir – ist nicht heiß?
Regenbogen haben einiges an Farbe,
nicht alles – du hast recht.

Viele Möwen.
Der Himmel ist voll
Voller Freiheit.
Wirfst du ihnen einen Brotkrumen zu
sie nehmen ihn
Wirfst du ihnen aber die Liebe zu
so nehmen sie sie nicht
Nein!
Sie machen einen Regenbogen draus
mit einigem an Farbe.
Wirst du jetzt lächeln?
Die Möwen haben aus deiner Liebe
einen Regenbogen gemacht
mit einigem an Farbe.
Unterdrücktes Lächeln?
Nein!
Lach' nur!
So laut du kannst!
Und da ist das Du.
War es die Liebe?
Der Sommer?
Der Asphalt?
Das liebeserwärmte Wasser?
etwa die Liebe?
oder
Die Möwen ...?

II.

Tadeo (14): Alte Stille

Ein verlassener Bahnhof
Züge für immer ausrangiert
Gras über Schienen wachsend
Rostendes Metall und grüner Beton
Eine Schachtel Cigarillos aus
Den Sechzigern, vergilbt und
Modrig.
Und dennoch diese
Schönheit der
Stille.

Saskia (13): ... und doch Leben

Ein verlassener Bahnhof.
Ist er verlassen?
Züge für immer ausrangiert.
Sind sie?
Ja, es wächst Gras über Schienen.
Und dort
Rostendes Metall und grüner Beton.
Und doch Leben.
Dort die Ratte
Hinter der Schachtel Cigarillos
Aus den Sechzigern.
Hier die Vögel auf und in den Zügen.
Und auf den grasbewachsenen Schienen
Ein räudiger Hund.
Die Kinder spielen
Im verlassenen Bahnhof aus grünem Beton
Zwischen den grasbewachsenen Schienen aus rostendem Metall
Mit der Schachtel Cigarillos aus
Den Sechzigern, vergilbt und
Modrig.
Das ist das Leben
Im verlassenen Bahnhof.
Und vorbei ist die
Schönheit der
Stille.

Möglichkeiten des Umgangs mit kreativen Texten

1. „Schule“:
Der Lehrer liest, korrigiert und beurteilt die Texte im Alleingang: Schlechteste Möglichkeit; ab in den Giftschrank!

2. „Folter“:
Der Schreiber liest seinen Text vor. (Bei kürzeren Texten – zumal Gedichten – sollte der Text zusätzlich allen Schülern schriftlich vorliegen.) Danach redet die Gruppe darüber. Dabei gibt es eher beurteilende und eher interpretierende Äußerungen; je jünger die Schüler sind, desto mehr ist mit beurteilenden Äußerungen zu rechnen. Grundregel: Der Autor schweigt während der Besprechung und hat erst am Ende die Möglichkeit zu einer Stellungnahme. Eventuell kann *dann* auch ein Gespräch zwischen Autor und Hörern/Lesern zugelassen werden.
Nun liest der nächste vor, nach demselben Verfahren.
Das Schweigenmüssen kann für den Autor zur Qual werden; deshalb der Ausdruck „Folter“. Manche Schreiber erleben die Besprechung, in die sie nicht eingreifen dürfen, aber auch sehr positiv: Man muß sich nicht rechtfertigen und braucht nicht zu erklären.
Grundsätzlich sollte die Entscheidung, wer vorliest, durch eine Regel (Abzählen, Losen usw.) getroffen werden; denn die meisten Schreiber wollen nur vorlesen, wenn sie selbst ihren Text gutfinden, und zu dieser Entscheidung sollte man sie nicht zwingen.

3. „Feed-back“:
Der Schreiber liest seinen Text vor. Jeder Zuhörer notiert sich danach einen Satz – eine Frage, eine Beobachtung, einen Einfall, einen Kommentar oder was auch immer. Nun lesen die Hörer reihum ihre Notizen vor, wobei Wiederholungen ausdrücklich erwünscht sind: Der Autor bekommt „Feed-back“. Man muß darauf dringen, daß auch jeder was aufschreibt und jeder alles vorliest.
Wenn alle vorgelesen haben, nimmt der Autor Stellung: „Was hältst du davon? Kannst du damit was anfangen? Hast du etwas Neues erfahren?“ Unter Umständen kann jetzt noch eine ungeregelte Aussprache folgen.

4. „Leserbriefe“:
Der Text wird vorgelesen oder besser schriftlich vorgelegt. Jeder notiert sich einen Satz (oder mehrere) zu dem Text (wie bei 3). Die Notizen werden eingesammelt und dem Autor gegeben. Der bereitet sich auf eine Stellungnahme vor und gibt diese mündlich oder schriftlich. Dann kann eine ungeregelte Aussprache folgen.
Variante: Die Leser machen Änderungsvorschläge und geben diese dem Autor.

5. „Zettellawine“:
Der Text liegt schriftlich vor und geht reihum. Jeder Leser schreibt etwas darunter – einen Kommentar, eine Frage, eine Idee, ein Urteil. Dabei kann man auch auf die Bemerkung eines anderen Lesers eingehen, weil die Bemerkungen ja offen weitergegeben werden.

Zeitbegrenzung nötig! (Es gibt Vielschreiber, die am liebsten eine Viertelstunde oder länger kommentieren!)

6. „Lektorieren“:
Der Text wird einem „Lektor“ vorgelegt. Dieser macht Änderungsvorschläge und beantwortet die Frage: „Würdest du diesen Text in eine Sammlung von Texten unserer Gruppe aufnehmen? Begründe!“
„Lektor“ ist ein anderes Gruppenmitglied, und natürlich kann das jedes Mitglied sein. Möglich ist auch, daß jeder zugleich „Autor“ und „Lektor“ ist, nämlich so, daß man einfach seinen Text dem Nachbarn als „Lektor“ weitergibt. Änderungsvorschläge und Urteil können auch auf einem gesonderten Blatt aufgeschrieben werden, so daß mehrere „Lektoren“ unabhängig voneinander den Text bearbeiten können.

7. „Spezialisten“:
Der Text wird von vier „Spezialisten“ gelesen und überarbeitet, nämlich
- dem Spezialisten für Inhaltliches (er prüft, ob alles stimmig, plausibel, widerspruchsfrei ist),
- dem Spezialisten für Wortwahl,
- dem Spezialisten für Grammatik, Satzbau und Gliederung,
- dem Spezialisten für Rechtschreibung (ein Wörterbuch sollte bereitstehen!).

Man kann die Gesamtgruppe vierteilen, so daß in dieser Phase der Textüberarbeitung jeder Teilnehmer Spezialist wird (natürlich muß er dann auch seinen eigenen Text bearbeiten, aber nur im Hinblick auf sein „Spezialgebiet“).
Nach einer gewissen Zeit sollten die „Spezialgebiete“ gewechselt werden.

8. „Antworttexte“:
Die Leser schreiben „Antwort-“ bzw. „Zurücktexte“. Dafür sollten zunächst Beispiele gegeben werden (vgl. die Aufgabe: „Gedichte zu Gedichten“, S. 112).

9. „Geschworenengericht“:
Der Text wird in der Gruppe mündlich oder schriftlich vorgelegt. Es wird ein Ankläger (Kritisierer) bestimmt sowie ein Verteidiger. Beide müssen keineswegs ihre persönliche Meinung äußern, sondern sie spielen eine Rolle: Der Ankläger sucht Argumente für das, was gegen den Text spricht, der Verteidiger sucht Argumente für das, was für den Text spricht.

10. „Pressekonferenz“:
Der Text wird vorgelesen, und dann notiert jeder eine Frage. Die Fragen werden eingesammelt. Der Lehrer sortiert und bündelt die Fragen und stellt sie dem Autor. (Spontane Zusatzfragen sind erlaubt.)

11. „Stellvertreter“:
Einer stellt den Text des anderen vor: Er liest ihn vor und beantwortet dann Fragen der Zuhörer.

Textquellenverzeichnis

S. 42: Gerhard Zwerenz: Nicht alles gefallen lassen. Aus: G. Zwerenz: Gesänge auf dem Markt. Kiepenheuer & Witsch, Köln 1962 (auch in: Schulbuchgeschichten. Fischer Taschenbuch Verlag, Frankfurt/M. 1972)

S. 44: Helga M. Novak: Schlittenfahren. Aus: H. M. Novak: Geselliges Beisammensein. Luchterhand, Neuwied 1968

S. 47: Aus: Rainald Goetz: Irre. Suhrkamp. Frankfurt/M. 1973

S. 48: Ephraim Kishon: Auch die Waschmaschine ist nur ein Mensch. Aus: E. Kishon: Nicht so laut vor Jericho. Deutsch von Friedrich Torberg. Langen/Müller, München/Wien 1980, S. 9

S. 48: Heinrich von Kleist: Michael Kohlhaas. Aus: Sämtliche Werke und Briefe. Hrsg. von Helmut Sembdner, 2. Band. Hanser, München 1952

S. 48: Thomas Mann: Tonio Kröger. Aus: Th. Mann: Die Erzählungen, Bd. 1. Fischer Bücherei, Frankfurt/M./Hamburg 1967, S. 205. © S. Fischer, Frankfurt/M. 1966, 1967 Katja Mann

S. 49: Hans-Joachim Schädlich: Schwer leserlicher Brief. Aus: H.-J. Schädlich: Versuchte Prosa. Rowohlt, Reinbek 1977

S. 49: Aus: Botho Strauß: Die Widmung. Hanser, München/Wien 1977

S. 49: Conrad Ferdinand Meyer: Die Hochzeit des Mönchs. Aus: C. F. Meyer: Novellen. Insel Taschenbuch Verlag, Frankfurt/M. 1973

S. 50: Aus: Raymond Chandler: Der lange Abschied. Diogenes, Zürich 1975

S. 54: Gabriele Wohmann: Die Klavierstunde. Aus: G. Wohmann: Erzählungen. Langewiesche-Brandt, Ebenhausen 1966, S. 67–70

S. 68: Monika Seck-Agthe: Das Tolle an der Liebe. Aus: Total verknallt. Ein Liebeslesebuch. Hrsg. von Marion Bolte u. a. Rowohlt (rotfuchs), Reinbek 1984, S. 48–50

S. 70: Aus: Robert Musil: Der Mann ohne Eigenschaften. Rowohlt, Reinbek ^{2}1981, S. 12

S. 70: Markus Pauly: Charly. Aus: Hoffnungen – Annäherungen durch Schreiben. Evangelische Akademie, Loccum 1986

S. 103: Hugo von Hofmannsthal: Die Beiden. Aus: Gesammelte Werke, Gedichte und lyrische Dramen. Hrsg. von Herbert Steiner. S. Fischer, Frankfurt/M. 1952, S. 11

S. 104: Friedrich Hölderlin: Menschenbeifall. Aus: Sämtliche Gedichte. Hrsg. von D. Lüders. Athenäum, Bad Homburg 1970

S. 106: Aus: Reinhold Grimm: Versuch über Lyrik und Sprachbau. Essays zur deutschen Literatur. Sachse & Pohl, Göttingen 1963, S. 181f.

S. 108: Thomas Erwin: Landschaften. Aus: Der Tag will immer morgen bleiben. Piper, München 1981

S. 109: Wolfgang Bittner: Allmählicher Übergang. Aus: M. Hausin (Hrsg.): Wir haben lang genug geliebt, und wollen endlich hassen. Fischer, Frankfurt/M. 1984, S. 25

S. 112: Bertolt Brecht: Radwechsel. Aus: Gesammelte Werke, Bd. 10. Suhrkamp, Frankfurt/M. 1969, S. 1009

S. 112: Yaak Karsunke: Matti wechselt das Rad. Aus: reden und ausreden. Gedichte. Wagenbach, Berlin 1969, S. 26

S. 113: Johann Wolfgang von Goethe: (Wanderers Nachtlied) Ein Gleiches. Aus: Goethes Werke. Hrsg. von Erich Trunz, C. H. Beck, München 1974, 1. Band, S. 348

S. 113: Karl Krolow: Ein Ähnliches (unveröffentlicht). Rechte beim Autor

Werkstatt Literatur

Herausgeber: Rainer Siegle und Jürgen Wolff

Die ständig wachsende Reihe „Werkstatt" bietet neue methodische Zugänge zum Literaturunterricht an als sinnvolle Ergänzung zum Deutschunterricht der Sekundarstufe I. Sie enthält folgende Schwerpunkte:

Schulspiel/Schultheater

Das Klassenzimmer als Schaubühne, Lehrer und Schüler als Spielpartner, der Text als veränderbar, in andere Medien übertragbar, die Schüler als Literatur- oder Theaterproduzenten.

Nur die Dummheit kann uns retten – Schildbürgerstreiche als Schulspiel
bearbeitet von Jörg Ehni
(ab Kl. 5)
Klettbuch 30621, 52 S.

Märchenspiele – Märchenhafte Wirklichkeit
bearbeitet von Gabriele Maute
(ab Kl. 5)
Klettbuch 30630, 56 S.

Das spielende Klassenzimmer – Anregungen zum Theatermachen
bearbeitet von Herbert Lehmann
(ab Kl. 5)
Klettbuch 30629, 56 S.

Friedrich Karl Waechter: Die Beinemacher – Ein Kinderhörspiel
bearbeitet von Frieder Stöckle
(ab Kl. 5)
Klettbuch 30631, 60 S.
Hörspielkassette Klettnr. 306311

Hansjörg Schneider: Robinson lernt tanzen
Mit Spielvorschlägen, Projektionen und Stichworten zur Diskussion
bearbeitet von Jörg Ehni und Martin Selge
(ab Kl. 5)
Klettbuch 30632, 126 S.

Georg Büchner
Leonce und Lena
Schülertheater und Schulspiel
bearbeitet von Elinor Lippert und Alexander Ohgke
(ab Kl. 6)
Klettbuch 30626, 88 S.

Produktiver Umgang mit Texten

Der produktive Umgang mit Texten führt zur „Schreibwerkstatt“, zum spielerischen und produktiven Gestalten und Verstehen von Prosatexten und Lyrik

Verseschmiede – Spielerischer Umgang mit Gedichten
bearbeitet von Alexander Bertsch und Hartmut Merkt
(Kl. 5–7)
Klettbuch 30622, 81 S.

Einmischungen – Anregungen zu einem produktiven Umgang mit Lyrik und kurzer Prosa
bearbeitet von Bolko Bullerdiek
(ab Kl. 9)
Klettbuch 30624, 76 S.

Balladen – Hören – spielen – verstehen
bearbeitet von Angelika Kriege
(ab Kl. 7)
Klettbuch 30628, 62 S.
Hörkassette zum Buch (iVb.)
Klettbuch 306281

Autorenporträts

Wir blicken Autoren über die Schulter, verfolgen den Entstehungsprozeß ihrer literarischen Arbeiten und rücken die Person des Schriftstellers in den Vordergrund.

Ingeborg Bayer:
Die Welt beunruhigen
Berichte vom Schreiben
(ab Kl. 8)
Klettbuch 3062, 88 S.

Josef Reding:
„Es fällt in mich ein“
Aus der Werkstatt eines Schriftstellers
(ab Kl. 8)
Klettbuch 30623, 72 S.

Wolfdietrich Schnurre:
Mein Leben als Zeitgenosse
(ab Kl. 9)
Klettbuch 30625, 120 S.
Hörkassette zum Buch, Spielzeit ca. 90 min.
Klettnr. 76129